不藏私 超實用的 氣場操縱術

贏家 34

不藏私：超實用的氣場操縱術

編　　著　俞建安
出 版 者　大拓文化事業有限公司
執行編輯　林秀如
封面設計　林鈺恆
內文排版　姚恩涵

總 經 銷　永續圖書有限公司
劃撥帳號　18669219
地　　址　22103 新北市汐止區大同路三段一九十四號九樓之一
TEL (〇二)八六四七—三六六三
FAX (〇二)八六四七—三六六〇
E-mail yungjiuh@ms45.hinet.net
網　　址　www.foreverbooks.com.tw

CVS代理　美璟文化有限公司
TEL (〇二)二七二三—九九六八
FAX (〇二)二七二三—九六六八

法律顧問　方圓法律事務所　涂成樞律師

出版日◇　二〇二〇年二月
Printed in Taiwan, 2020 All Rights Reserved

國家圖書館出版品預行編目資料

不藏私：超實用的氣場操縱術 / 俞建安編著.
-- 初版. -- 新北市：大拓文化, 民109.02
面；　公分. -- (贏家；34)
ISBN 978-986-411-112-1(平裝)
1.應用心理學 2.能量
177　　108021890

序

「我來，我見，我征服」

「Veni，Vidi，Vici！」

這是世界上最短也是最有名的報捷信之一——三V文書。西元前四十七年，羅馬的蓋烏斯．尤利烏斯．凱撒成功地征服了一座新的城市以後，在報捷信上寫下了如此簡短有力的語句——「我來，我見，我征服」。

很多年前，當凱撒第一次踏上小亞細亞的土地時，他只有二十一歲，當時他受命說服卑斯尼亞國王尼科梅德履行承諾，向羅馬供應船隻。凱撒圓滿地完成了這項任務。雖然關於這場會談的記錄已經很難尋找，不過我們依舊可以想像當時的激烈辯論。凱撒的對手也在日後坦言，這位年輕的羅馬人有著一種異乎尋常的魅力，讓人毫無還手之力，只能乖乖屈服。而這種異乎尋常的魅力其實就是凱撒的氣場。

「我來，我見，我征服」就是最能體現凱撒強大氣場的話語之一，在讀這句話的時候，你是否感受到凱撒強大的霸氣？你是否感到有些熱血沸騰？你是否感受到一股強大的能量在流動？這種能量就是你的氣場能量，凱撒的話語可以穿越千年影響我們的氣場，這足以體現他強大的氣場以及操縱他人氣場的能力。是的，這就是凱撒成功的奧祕——強大的氣場和操縱他人氣場的能力。

氣場是由身心靈散發出的能量場，我們每個人都有屬於自己的獨特氣場，氣場具有自信力、吸引力、影響力、說服力、感召力、操縱力。氣場影響著我們的生活，決定著我們的命運。因此，我們要擁有掌控自身氣場的能力——氣場操縱力。只有能夠掌控自身氣場，我們才能發揮氣場的全部能量，真正將命運掌握在自己的手中。我們還可以利用氣場操縱力操縱自己與他人氣場之間的交流，操縱他人的能量變化，並最終操縱他人。

在很長的一段時間裡，我們忽視了氣場能量的作用，對自身的氣場能量不聞不問。而這本《不藏私：超實用的氣場操縱術》一定可以幫助你掌握被自己長期忽視的氣場能量，掃清通往成功的障礙，活出全新的自我。更重要的是，本書可以幫助你瞭解操縱背後的祕密，讓你掌握運用氣場操縱他人的方法，改善你與他人的關係。

序

本書的主人公毛豆將與你一起了解氣場，修練氣場，掌握氣場操縱術，與你一起一步步改變自己的生活、取得事業上的進步、並最終走向成功。與此同時，你們的困惑和問題還會得到氣場操縱術大師邁克爾的指導，邁克爾將運用巧妙的方法幫助你們一步步前進。

心動不如行動，讓我們跟隨毛豆的腳步，開始神奇的氣場操縱術的修練之旅吧！

目錄

第一章 你就是宇宙

第二章 八項修練，引爆氣場能量

第三章 話語氣場的無窮掌控魅力

第四章 用身體語言潛移默化影響他人

目錄

第七章 在不和諧的氣場中化險為夷

第八章 喚醒潛藏在大腦深處的財富能量場

目錄

第九章
八步晉級氣場操縱的至高境界

power

useful point

第一章 你就是宇宙

深諳哲學的人往往會有這樣一種觀點——我就是宇宙！沒錯，你就是一個與宇宙互通的精神能量體，是自己命運的主宰者。在浩渺的宇宙中，你操縱著自己的命運，影響著自己的一切。或許你覺得這很不可思議，但如果你能掌握氣場，你就會發現一切是那麼輕而易舉。

祕密背後的終極祕密

是什麼決定著我們的命運？這是千百年來無數人都想知道的奧祕，也是很多人耗盡一生心力試圖解開的難題。無論這些人有沒有作出貢獻，無論這些人有沒有走在正確的道路上，我們都應心存感恩。因為他們從各種角度尋覓人生的軌跡，並找出這些軌跡的相同點、交叉點。他們夜以繼日地工作，就是為了後世的我們能夠最終揭開命運的神祕面紗。他們聲稱找到了很多答案，並稱這些答案為「祕密」。

但是，在這些祕密的背後還有著更深層次的祕密，也就是終極祕密。因為命運的答案並不能從生活的點點滴滴中尋找，更無法從歷史的紛紛擾擾中預測。命運來自於更久遠的時代，在很多年前發生的一件事情可能會影響此時此刻你的命運。

任何一個人的命運都可以追溯到宇宙創生的時代。在那個沒有時間的時代，

第一章

你就是宇宙

我們所有人的命運都把握在一個「果殼」之中。然後，大爆炸，時間開始，宇宙誕生，命運也隨著時間的推移而不斷變化，直到出現了銀河系，出現了太陽系，出現了地球，出現了植物，出現了動物，出現了人類，出現了你我。這時你的命運才真正邁上了歷史的舞臺。這其中，我們不可否認的是，在這一連串的事件中，哪怕有一個小小的差錯，你就不會是今天的你。所以，如果你想真正追尋命運的終極祕密，就要回到宇宙開始的那一剎那。尋找誕生在那一剎那，並且在今天依舊存在的某種存在，因這種存在會真正影響你的命運。

什麼樣的存在誕生於宇宙開始的那一剎那呢？怎樣的存在穿越了接近兩百億年的時光在今天依舊存在？什麼東西不會忽視我們每一個人而且影響我們的命運呢？什麼東西就在自己身邊並決定著我們的成敗呢？是能量！是我們每個人都自以為很瞭解、卻經常被忽視的能量。

在宇宙開始的那一剎那，能量也隨之誕生，並在守恆和轉化中穿越了兩百億年的時空。能量不斷轉化並賦予我們力量，讓我們去做自己想做的事情。能量就在我們每一個人身邊，聽從我們的召喚，為我們服務。

儘管萬物皆有能量，但唯有人類擁有氣場。我們的身心靈會產生不同的能量，這些能量逐漸散發到身體外部，在身體周圍的一定範圍內形成一個能量場，這個能量場就是我們的氣場。於是，能量不再單獨起作用，而成為氣場的一部分。氣場會起到比能量更強大的作用，將影響我們的力量、我們的判斷、我們的喜好，最終還會決定包括我們是否能夠成功在內的一切。

你可能在想：是誰賦予了氣場如此強大的力量？不必尋找其他，只需要找一面鏡子，你就可以找到那個讓氣場主宰一切的本源。是的，就是你自己。

你的意願、你的想法、你的語言、你的行動，都影響著能量的產生和氣場的形成以及氣場的作用。很多人試圖運用氣場幫助自己創造未來的輝煌或者重塑往日的榮光，然而，氣場是相當複雜的，並不是我們輕易可以掌控的。多數人也正因為氣場難以掌控而漸漸忘記了它的作用，忽視了氣場的能力，甚至從根本上否定了氣場的存在。

然而，你信，或者不信，氣場就在那裡。從一個人出生到一個人老去，氣場都會伴隨著每個人，回應人們的每個要求和想法，讓人們更接近自己真正想要的成功。只有真正認識氣場，了解氣場，操縱氣場，你才能將自己與生俱來的能量運用到極致。

和大多數人一樣，一位叫毛豆的年輕人也不知道氣場的神奇力量，直到他遇到了邁克爾。因為毛豆知道，遇見邁克爾，這本身就已經是一件不可思議的事情了。

【毛豆筆記】

有生命就有氣場，氣場是由自身能量構成的能量場。自身能量與宇宙中的其他能量相互連接，影響著我們的生活，決定著我們的命運。但是，氣場的運行方式要比我們想像的更加複雜，所以，切實地了解氣場才能真正掌握自己的命運。

了解氣場只是基礎，操縱氣場才是關鍵。

氣、勢、格局的強大力量

毛豆是一個平常、普通的人，在朋友眼中，他是那種即使被扔到撒哈拉沙漠也會被過路人忽視掉的人。不過，朋友們很樂意和毛豆成為朋友，因為他們知道，一向沒什麼心機，只是喜歡開些玩笑的毛豆，始終都是一個好人，並且永遠都會是一個好人。

此時的毛豆非常苦惱，他陷入了一系列麻煩中：工作業績不好；從出生就一直打光棍到現在；總是沒有時間做自己想做的事情；經常在各種聚會上被很多人忽視……有時，他還要面對別人的打趣或挖苦，如「黃豆先生，好久不見！」、「這麼筆挺的西裝為什麼穿在你身上就像工作服呢？」等。很多時候毛豆也只好以苦笑來應對這一切。他覺得似乎所有的麻煩都在一瞬間降臨到自己的身上，而自己卻只能借著散步來排遣心中的愁悶。

無巧不成書，正是在無比鬱悶的時候，毛豆遇見了邁克爾——神奇的邁克爾，

第一章 你就是宇宙

心想事成的邁克爾，無所不能的邁克爾！

兩人的相遇可以說是一件怪事。低著頭走路的毛豆直接撞在了邁克爾的身上，很久以後毛豆才弄懂邁克爾當時為什麼會那麼驚訝——因為邁克爾不會對一個人闖入了他的氣場中卻毫無察覺。當時毛豆看見邁克爾誇張的表情，以為自己撞傷了對方，就說要帶對方去醫院。

對此驚訝不已的邁克爾僅僅提出去一家咖啡店休息一下，看看再說。自覺理虧的毛豆答應了邁克爾的請求，並且和邁克爾進行了一次非常愉快的談話。話語間，邁克爾在不知不覺中向毛豆闡述了氣場及其最重要的三大能量體現——氣、勢與格局。

氣場是身心靈能量在身體之外聚合形成的能量場，主要有氣、勢與格局三種不同的能量體現。其中，「氣」就是能量的一種。氣的力量也就是能量的力量，雖然能量進入氣場中會受到氣場的影響，但是能量依舊擁有自己的力量。在日常生活中，當你想要做某件事情的時候，你是不是會忽然覺得自己很有力量，這就是能量的作用。當你的內心充滿「渴望」的時候，身心靈供給到氣場中的能量就會增多，我們就會覺得自己更有力量。

「勢」指的是能量運動的趨勢，勢的力量也就是能量在運動過程中產生的力量。這就如同你在用拳頭擊打沙袋時，拳頭運動一段距離展現出來的力量遠比直接擊打展現出來的力量強大得多，在這個過程中，拳頭雖然依舊是拳頭，但力量在運動的過程中增強了很多。

由此可知，勢的力量雖然會影響我們，但不會改變我們的現狀。同樣，當你的內心充滿「渴望」，卻什麼都不去做的時候，你的渴望就會讓你的氣場能量時刻準備運轉，擁有向前沖的勢頭。當你決定向前並行動起來時，你的能量就會噴湧而出。

「格局」指氣場的定格與合局。在能量聚合形成能量場以後，能量場就會具有一些特殊的力量，也就是格局的力量。操縱格局的力量非常複雜，因為氣場是多種能量的混合體，我們很難像掌控一種能量一樣掌控氣場，而且多種能量的混合增加了能量之間的不穩定性，使得操縱格局的難度增加。

不過由多種能量混合所產生的格局的力量一旦運用得當，就將是三種力量中最強的一種，並且會產生一些特殊力量。例如，當你的內心充滿「渴望」，如果因此產生的能量成為氣場的主導能量，你的「渴望」就會實現。因為你的氣場會影響到更多的能量，最終促成目標的達到。

毛豆和邁克爾的相遇也同樣如此：毛豆的氣場在「渴望」一個拯救自己於水火之中的人，邁克爾的氣場則在「渴望」一個可以超越自己、達到氣場操縱力至高境界的人。

【毛豆筆記】

氣、勢、格局是氣場的三個組成部分。無論是內在的勢、格局，還是外在的氣，都值得我們重視，尤其是在修練氣場能量的過程中，我們更應該重視三者的均衡與調節，不要顧此失彼，讓氣場能量無法發揮出最強的力量。

對於性格比較軟弱的人來說，「勢」是三者中最重要的。

氣場操縱的三種境界

聽邁克爾講了很久，毛豆提出了自己關於氣場的第一個問題，這實際上只是毛豆出於禮貌而刻意想的一個問題而已。

他問：「邁克爾先生，你剛才講到氣場會決定我們的命運，又說每個人都擁有氣場，那麼，為什麼不是每個人都能成功呢？」

邁克爾看出了毛豆的勉強，不過他也看出了毛豆對於氣場的掌握能力。在內心裡，他真心期望毛豆是那個可以達到氣場操縱力至高境界的人。

邁克爾回答說：「你提出的這個問題是很多人面臨的卻沒有察覺到的問題。如果某個因素能夠讓人成功，那麼人們擁有那個因素不就可以成功了嗎？實際上，成功雖然沒有人們想像的那麼艱難，但同樣也沒有人們想像的那麼簡單。氣場只是走向成功的基礎，真正學會氣場操縱力的人才能獲得成功。」

邁克爾所講的氣場操縱力，是一種操縱自身氣場的力量，也是一種可以透過控制自身氣場去影響他人氣場、操縱他人的神奇手段。那些只懂得氣場而不懂得如何操縱的人是不可能成功的，尤其是當這些人執著於「氣場決定命運」的理念時。氣場始終是你的能量，你的命運就掌握在你自己手中，然而這一切的前提是你要擁有掌控氣場的能力。還記得有這樣一個故事：

一位牧師被洪水困住了，一艘船從他身邊經過，想要救他，牧師卻拒絕了，並說：「上帝會來救我的。」之後又來了一架直升機，牧師依舊說：「上帝會來救我的。」最終牧師死在了洪水中。當他埋怨上帝沒有對他施以援手時，上帝卻說：「我已經派了一艘船和一架飛機去救你了。」

這個故事可以給我們很多啟發，在面對氣場時，如果你只是相信它，而不去運用它，那麼你終將陷於自己命運的某一點中無法自拔。

概括來說，氣場操縱主要分為三種境界。第一種是操縱自身能量。氣場決定命運，自身氣場的強弱會影響到我們的未來。修練自身氣場，讓自身氣場變強就是操縱自身能量的一種。當然除此以外，你還要了解氣場的構成，因為正面能量和負面能量的比例也會影響我們氣場的強弱。同時，展現給他人的氣場也會影響他人的判斷。操縱自身能量變化雖然無法在長時間內改變自身能量，卻可以在短時間內讓自身氣場發生變化，獲得自己想要的結果。

第二種就是透過操縱自身能量來操縱他人能量。自身能量與他人能量是不斷接觸的，並且在接觸時保持衝突或者交流的狀態。當我們的能量發生變化時，對方的能量也會受到一定影響。如果你能夠充分瞭解對方的情況，並且了解氣場變化的特點，你就可以透過改變自身的氣場去影響他人的氣場，讓他人幫助你完成你要做的事情。

第三種就是透過操縱自身能量來操縱所有能量。霍姆斯曾說：「宇宙共通的心智、性靈與智慧乃萬物之源……人類是有意識的生命中心，會思考、有意念、能知覺。我們是被環繞、被融浸的，有一股脈流從我們身上流通……你可以隨意稱呼這股脈流。」這句話告訴我們人體就是感應宇宙能量的精神體。就像電影《阿凡達》中的一樣，每個人都可以與其他生命體（包括植物、動物等）進行能量交流。你可以輕易地感到水滴的剔透、花朵的愉悅、飛鳥的自由……這些感受和體驗有助於我們更好地瞭解自然、融入自然，感受宇宙的能量，互通能量流。然後，在這個基礎上繼續提升，直到可以操縱所有能量，便達到了最高境界的氣場操縱力。不過，很少有人能擁有如此強大的力量，就像幾乎沒有哪個聖人能夠真正達到「無為化有為」、「上善若水」的境界一樣。

所以，邁克爾並不是期望毛豆擁有終極氣場操縱力，只是希望他能夠達到第二種氣場操縱力的最高境界。因為，在現實生活中，第二種氣場操縱力才是最主要的一種。

【毛豆筆記】

妄圖不憑藉任何手段或者工具就去操縱他人是愚蠢的。在了解氣場能量的作用以後，我們依舊要先操縱自身能量，憑藉自身能量與他人氣場之間的碰撞和摩擦，達到操縱他人氣場的目的。所以，掌握氣場操縱力是操縱他人的前提。

學習氣場操縱力的前提是要瞭解萬物皆有能量，操縱能量即可影響萬物。

找到專屬於你的「精神名片」

邁克爾講的這些話無疑極大地衝擊了毛豆的觀念和思想，讓毛豆陷入了真正的思考中：對於我們來說，這種從一出生就存在的能量意味著什麼？氣場可以為我們帶來怎樣的改變？氣場操縱力又將會如何改變我們的氣場並且讓我們的命運也隨之改變？

邁克爾看出毛豆似乎陷入了疑惑中，便決定一點一點地向毛豆解釋氣場以及和氣場操縱力有關的問題。於是，他想到了一個很好的切入點。

「你覺得我是一個什麼樣的人？」邁克爾問。

毛豆這才從複雜的思考中退出來，可是他不明白邁克爾究竟要幹什麼。

邁克爾只好又說了一遍：「你覺得我是一個怎樣的人？」

毛豆看了看邁克爾，仔細想了想說：「我覺得您是一個不錯的人。」

邁克爾笑了笑，又問道：「『不錯』，那你這個『不錯』是從哪一件事情上得來的呢？」

毛豆被問住了，因為過去從來沒有人向他提過這樣一個問題。毛豆又仔細想了想，發現自己似乎有很多證據可以證明眼前的這位文質彬彬的邁克爾是個不錯的人，可是很快又發現自己的這些證據其實都算不上什麼證據，因為毛豆跟邁克爾認識還沒超過三個小時。

這次邁克爾並沒有等毛豆完成他的思考，直接說：「你的這種想法來自於你的感覺，就像我的問題和你的回答一樣，不過是一種『覺得』而已。那你有沒有想過你和我除了在一起說了些話之外，還有什麼是可以讓你感覺到的？如你的視覺、聽覺、嗅覺等，你的哪一種感覺讓你有了那樣的感覺？」

聽到這樣的問題，毛豆幾乎習慣性地說出了「第六感」這三個字。不過，毛豆還是仔細沉下心來好好地思考了一番，因為他知道眼前的這個人應該並不是一個普通的人，從他的問題中就可以判斷出他是一個很厲害的人。

其實，邁克爾一直想要的答案就是氣場。在我們與他人接觸的過程中，自身氣場與他人氣場也同時會接觸。這種能量之間的接觸遠比我們想像的更加深入，因為不同能量之間交換的是對方氣場展現出來的全部資訊。例如，雙方覺察出危險時，能量就會彼此敵視，最終產生衝突。當氣場中的攻擊性達到一定限度時，我們就真的有可能攻擊與自己氣場衝突的那個人。在這個過程中，能量起到的最主要的作用就是探知資訊，透過不同手段從對方那裡獲取對方「可信」或者「不可信」的資訊，其中有必要被大腦察覺到的會被我們的視覺等察覺，其他的則直接進入潛意識中。所以，我們很多時候只是說「我覺得」，而不會找到氣場這一源頭。

說得形象些，氣場就是我們每個人的「精神名片」，我們透過氣場認識一個人、喜歡一個人、愛上一個人，或者討厭一個人、憎惡一個人，或者對一個人抱無所謂的態度……這些都是氣場給我們的資訊，以說明我們更簡單地認識他人，察覺隱藏在氣場之下的意圖和想法。

氣場操縱力是讓這一切發生改變的力量，任何人的「精神名片」都不可能也不應該一輩子一成不變的。很多時候，我們需要一些變化，需要改變自身氣場，讓他人更加認可我們的氣場，讓他人願意成為我們的朋友。

每個人都擁有屬於自己的氣場，也就是擁有屬於自己的「精神名片」，這並不會對我們的生活有所影響，但如果你擁有氣場操縱力，你就可以改寫自己的「精神名片」，在他人面前展現更好的自己。

【毛豆筆記】

對他人的感覺和判斷實際上是對他人氣場能量的感覺和判斷。氣場是每個人的「精神名片」，但氣場能量並非是一成不變的。我們可以透過修練氣場來改變他人對自己的感覺，也可以運用氣場操縱力來改變他人對我們的第一印象。

氣場能量強大，才不會被人忽視。

你本身就具有神奇的吸引力

無論是氣場中的能量，還是環境中的能量，都具有一種與眾不同的力量——吸引力。

這種吸引力與我們平時見到的磁鐵的吸引力並不相同，會吸引相同或者相近的能量。當我們的氣場中充滿了渴望某種東西的能量時，這些能量就會吸引相同或者相近的能量，最終獲得我們想要的東西。

聽了邁克爾對於能量吸引力的介紹，毛豆心中充滿了幻想。於是，毛豆問道：「這是不是說，我想有什麼，就會有什麼？」

邁克爾點了點頭，回答說：「從理論上來說，是這樣的。」

毛豆很快就看出了邁克爾的「陷阱」——「從理論上來說」，那也就是說實際上並非如此。邁克爾看出了毛豆的疑惑，又接著說：「從理論上來說，任何人都可以心想事成，但是，能量的吸引是有一定限度的。因為在世界上，同一種能量有很多，能量之間的吸引會受到一定的制約。」

毛豆想了想，問道：「那是不是說假如我和您都擁有某種能量，那麼誰的能量比較強大，誰的能量的吸引力就比較大，誰獲得自己想要的東西的可能就會更大。」

邁克爾在如此多的「誰」中被弄得有些暈頭轉向，但他還是理解了毛豆的意思，回答說：「是這樣的，另外，如果我的氣場能量比你的強，那你的能量也會被我的能量吸引過來。」

事實上，不只能量具有吸引力，由能量聚合而成的氣場同樣具有吸引力。氣場也具有吸引相同氣場能量的特性，但與能量不同的是，氣場的吸引力更加複雜。氣場中存在很多種不同類型的能量，這些能量中有一些相同或者相似，還有一些是相互排斥的。不同種能量的存在讓氣場的吸引力更加複雜，不懂得如何操縱自身氣場，我們就很難形成對自己想要的事物的最大吸引力。

在生活中，我們的確會看到很多人對成功的渴望，可是，這些渴望並沒有為這些人帶來成功。這不僅僅是因為這些人渴望成功的能量不夠強大，還與消極頹廢的能量有關。在這些人渴望成功的同時，他們的氣場中還充斥著懶惰等能量，如此矛盾的氣場很難激發出全部的能量，自然無法發揮氣場的強大吸引力。

想要發揮氣場的吸引力，我們就要擁有氣場操縱力，調整自身氣場，讓氣場中的能量和諧統一，這樣我們才能獲得自己想要的東西。為此，邁克爾教了毛豆一種比較簡單的方法——做自己所想的。

不僅我們的所思所想會產生能量，我們的所作所為也會產生能量。在你渴望成功的時候，你表現得很懶惰，那麼你的氣場中就會產生兩種相互對立的能量，這樣不僅不能完全發揮出氣場能量的吸引力，還會讓自己的氣場紊亂，造成惡劣的後果。在你想著某些事情的時候，你就應該去做這些的事情，這樣思考的能量和行動的能量才會統一，氣場才會擁有主導的能量，強大的吸引力才能真正地展現出來。

邁克爾與毛豆的神奇相遇就是毛豆氣場吸引力的作用，毛豆渴望解決自己問題的能量已經成為氣場中的主導能量，這種能量強烈地吸引了邁克爾。不過這一點，邁克爾也是在和毛豆聊天的過程中逐漸發覺的。

【毛豆筆記】

能量具有吸引相同或者相近能量的特性，作為能量集合體的氣場同樣具有這一特性。不過，無法熟練操縱氣場的人很難充分發揮氣場的吸引力。我們應該注重氣場中主導能量的作用，培養對我們有利的主導能量，以吸引更多的主導能量。

主導能量的吸引力也就是氣場的主要吸引力。

吸引力與影響力的最高級——操縱力

吸引力與影響力是氣場能量運用的兩種結果，吸引力是氣場中能量特性的顯現，影響力是氣場中能量向外運動產生的結果，而我們還可以透過氣場的運用擁有吸引力與影響力之上的境界——操縱力。

在聽到氣場的操縱力以後，毛豆無法理解它與邁克爾一直講的氣場操縱力究竟有什麼不同。於是，他問道：「氣場的操縱力是不是就是氣場操縱力？」

邁克爾笑了笑，說：「氣場操縱力指的是操縱氣場的能力，氣場的操縱力則是指操縱氣場之後產生的結果。如果你可以充分運用氣場的能量，那麼你就擁有操縱他人的能力。」

「操縱他人？您所說的操縱他人指的是什麼程度的操縱啊？」毛豆問道。

邁克爾答道：「什麼程度的操縱？這要看你自身的氣場了。從理論上來說，你可以操縱任何一件他人沒有強烈反對意願的事情。」

毛豆想了想，覺得氣場真是一種神奇的存在。不過，他還是有很多疑問，「邁克爾先生，那您說的沒有強烈反對意願的事究竟是指什麼呢？」

邁克爾說：「你知道，每個人都有屬於自身的氣場。我們無法從根本上改變他人的氣場的，也就是說如果有一些事情是對方厭煩的或者恐懼的，那麼在短期之內，任何人都對其無能為力。」

毛豆點了點頭，又搖了搖頭。他不喜歡過於複雜的答案，覺得邁克爾只要告訴他究竟可不可以操縱他人就可以。

在接觸氣場的操縱力的過程中，很多人可能都會出現毛豆這種想法，而這種想法往往會將我們帶入誤區。人與人之間的氣場是在不斷交流和變化的，但每個人的氣場都會在很長一段時間內保持在一種穩定的狀態。所以，無論是吸引力、影響力，還是操縱力，我們都要明白一點：氣場的這些作用都是透過能量交換而產生作用的，如果對方氣場拒絕這些能量交換，或者選擇性地進行能量交換，就會讓氣場的力量大為減弱。想要發揮氣場的最強力量，就要讓對方願意與我們進行能量交流，並且願意接受我們的能量。

因此，在強化氣場能量、修練氣場操縱力之前，我們需要學習的應是如何讓他人更願意與我們進行能量交流。當然，最好的方法是彼此成為朋友，因為朋友之間會經常接觸，氣場之間會形成較為穩定的能量交流體系。

只不過，我們並不總是有時間和精力與對方交朋友。如果彼此不能成為朋友，那麼我們在與他人接觸中應注意以下三點：

第一，不要過早暴露自己的目的。有目的的能量運動會讓我們的氣場急於侵入對方氣場中，在沒有良好鋪墊的時候，對方會對我們的這種侵入產生敵意，對方的氣場便會迅速收縮並且產生警覺，這樣不利於氣場力量的發揮。

第二，不要與對方進行正面交鋒。正面交鋒屬於能量交流的一種，是不友好的一種交流。出於保護自己的目的，對方會時刻防範你的能量的進攻，這會讓你很難發揮氣場的操縱力，操縱他人。

第三，在交流中不要過多討論對方。在與他人交流的過程中，能量也在不斷交流。當我們討論或者評價對方時，我們需要能量給予自己更多的資訊支援，而這就需要自身能量與他人能量進行更加深入的接觸，儘管你可能無意於此，但對方的氣場依舊會有所察覺並對你提高警惕。

氣場的操縱力透過能量的交流最終達到操縱他人的目的，能量始終是我們的手段，而不是我們的目的。我們需要做的就是更加巧妙地運用自身的能量，避開對方氣場的警覺。之後，我們便可以展示自身的操縱才華了。

【毛豆筆記】

氣場的操縱力是透過自身能量發揮影響和操縱他人氣場的能力。在運用氣場的操縱力時，我們需謹記兩點：第一，我們是無法改變對方氣場中的根本存在的，也就是說，你只能影響而無法決定他人的命運；第二，要學會騙過對方的氣場。

氣場操縱力的能力之一就是改變自身能量以影響他人的氣場，進而達到操縱對方的目的。

追隨內心呼喚，躋身操縱達人

咖啡廳中逐漸沒有什麼人了，只剩下毛豆和邁克爾兩個人在交談。隨著夜幕的降臨，兩個人的談話也逐漸接近尾聲。

毛豆忽然天真地問邁克爾：「您真的是上天派來拯救我的嗎？」

邁克爾搖了搖頭，很肯定地說：「不是，我不可能是上天派來拯救你的。」

毛豆不解地問道：「您剛才不還說，正是我渴求解決眼前的現狀而吸引您來到這裡的嗎？這難道不是上天的旨意嗎？」

邁克爾沒有直接回答毛豆的問題，而是選擇了另一個話題。他說：「你們中國人相信掌紋可以預測一個人的命運，對嗎？」

毛豆很奇怪邁克爾是怎樣把思維跳到那邊的，不過他還是點了點頭。

邁克爾把右手平伸到毛豆面前，然後把手掌合上，問道：「毛豆，那你說這代表什麼？」毛豆抓了抓頭，根本看不出這個舉動有什麼意義。難道是讓自己猜他手裡有什麼，明顯是空氣啊。可是，邁克爾會有什麼深意，毛豆完全沒有頭緒。

邁克爾看了看毛豆，說：「這就是你的氣場吸引我來的原因，讓我來告訴你，你的命運就在你的手中。」

毛豆恍然大悟，說：「那麼是我的氣場吸引您來告訴我氣場的存在？」

邁克爾點了點頭，說：「不止如此，我還會告訴你如何運用氣場操縱力操縱自己的氣場，讓你一步步走向自己想要的輝煌。」

這時，一幅未來的美好畫卷似乎在毛豆的面前徐徐展開。正當毛豆沉浸在幻想中時，他忽然想到了什麼，這讓他又一下子回到現實中。

毛豆很正式地對邁克爾說：「今天雖然聽您說了很多關於氣場以及氣場操縱力的東西，可是，我對這些依舊不是很清楚。而且就像您說的，我的氣場已經被我忽視了很久，那麼我還能重新操縱我的氣場嗎？」

邁克爾笑了笑說：「這樣的問題過去我也遇到過。但是，當你真的相信自身的力量，並渴望改變自己時，你的這些問題就都不能算是問題了。相信你的氣場，相信你那顆想要改變的心，一切都會變得越來越好的。」

「可是……」毛豆還是有些疑惑。

邁克爾說：「這些你完全不用擔心，雖然在過去你長期忽視自身氣場的存在，但這並不代表氣場不存在，也並不代表氣場不會與你共同進步。如果真是那樣，你的氣場是不可能吸引我來幫助你的。」

毛豆的問題並不奇怪，一種潛藏了十幾年或者幾十年都沒有被自身發現的能量，我們如何能夠運用得好？我們又如何能夠操縱這樣的能量，讓自己不斷向前？事實上，關於這一點我們無須過於擔心，你的氣場已經沉寂得太久了，現在，你需要做的不是退縮，而是勇敢向前；不是閃躲，而是勇敢向前；不是後退，而是勇敢向前。像毛豆一樣遵循自己內心的呼喚、不斷向前，不斷向前……

【毛豆筆記】

由於長期忽視氣場的存在，一開始時我們往往無法熟練地運用自身的氣場。但氣場一直存在於我們身邊，我們的說話和行動中都包含著對於氣場的運用。所以，對於我們來說，修練氣場操縱力的過程就是重新發現自身潛能的過程。

學好氣場操縱力，你走遍天下都不怕。

useful point

第二章
八項修練，引爆氣場能量

氣場能量的強弱及正負屬性是氣場操縱力能否奏效的基礎。要想擁有神奇而強大的氣場操縱力，我們就要從修練自身的氣場開始。在諸多方式中，八項修練對強化自身能量尤其重要，且每一項修練都是針對氣場的特性來進行的。

在修練過程中，你需要重新發現自己，發現藏於自身氣場中的無限潛能，讓自己的氣場能量自由流動。

啟動身心靈能量中心

在邁克爾的引導下，毛豆對於氣場能量以及氣場能量的作用有了更多的瞭解。不過，毛豆心中依然有很多疑問沒有得到解答。氣場能量由什麼能量構成的以及如何增強氣場能量，就是其中非常典型的一個。

氣場能量主要由身體能量、心靈能量和靈魂能量三種構成。這三種能量在產生以後會散發到身體周圍，最終聚合成穩定的氣場。在這三種能量中，身體能量是最容易被我們感受到的，比如在生活中，你會覺得那些身體強壯的人很強，就是因為我們感受到了他們的身體能量。

身體能量也是最容易被改變的一種，身體的任何動作都會讓身體能量發生變化，但是無論遇到什麼情況，身體能量都不會偏離正常情況太遠，因為身體能量很難在短期內發生巨大改變。氣場中的身體能量主要存在於我們身體周圍，影響的範圍相對較小，感知能力和應變能力也相對較弱。

製造身體能量的能量中心是我們的身體，因此，身體狀況的好壞會直接影響到身體能量的強弱。修練身體能量，就要多參加體育鍛鍊，讓自己的身體更加健康。而在當下，對於很多的人來說，需要注意的是儘量讓自己的身體遠離亞健康狀態。

長時間工作會消耗大量的能量，缺乏充足的睡眠同樣會讓我們的身體能量處於透支狀態。目前，對於很多上班族來說，首先要做的是保證良好的休息以及睡眠，讓自身的能量得到適時補充。

心靈能量是由我們的內心製造出來的能量。與身體能量和靈魂能量不同，心靈能量又包括正面能量和負面能量。正面能量是指那些對自身氣場以及自身有益的能量，這種能量會讓我們變得積極向上；負面能量則是指那些對自身氣場以及自身不利的能量，這種能量會讓我們更加消積。（心靈能量本身是不分正面能量和負面能量的，但如果氣場的主導是正面能量，心靈能量就會呈現出正面能量的特點；如果氣場的主導是負面能量，心靈能量則會呈現出負面能量的特點。）心靈能量的強弱會受到情緒、外界環境等因素的影響，心靈能量的感知能力和應變能力都比較強，在運用氣場操縱力時我們便可以使用這種氣場能量。

製造心靈能量的能量中心就是我們的心靈。心靈吸收的能量會直接影響到心靈能量的產生。比如，在我們讀書的時候，心靈就會吸收必要的能量，然後產生相應的能量。如果你看的是健康向上的書籍，產生的心靈能量就會是正面能量。另外，我們的想法也會起到類似的作用。當你抱怨的時候，心靈就會產生抱怨的負面能量，因此我們說，當你抱怨的時候，受到傷害最大的往往是你自己。想要讓自身心靈能量變強大，我們就需要時刻注意讓心靈吸收正面能量，同時確保那些我們不需要而且不必要吸收的能量不會出現在我們的視線之中。

靈魂能量則屬於我們靈魂的能量，是我們最不易改變也最不易被激發出來的能量。靈魂能量存在於我們的氣場中，但在一般情況下我們很少能感受到靈魂能量的存在，只有在特殊情況下靈魂能量才能發揮出它獨特的作用。

身體、心靈、靈魂是自身能量的三大能量中心，想要增強自身的氣場，我們就要從這三個方面入手。三者之中最易改變也是對我們影響最大的就是心靈能量，所以，邁克爾著重向毛豆講述如何修練自身的心靈能量。

【毛豆筆記】

在修練氣場的過程中，我們要瞭解到能量不是憑空產生的，也不會憑空消失。能量之間是在不斷轉化的，所以無論你是修練自己的身體能量、心靈能量，還是靈魂能量，都要時刻注意能量的攝入，這是非常有益而且必要的。

對身體能量與心靈能量的強化，也會對靈魂能量起到強化作用

一千次微笑訓練

邁克爾見到毛豆的時候，毛豆正在一直對著鏡子笑。邁克爾不解地問：「你這是在幹什麼呢？」

毛豆一邊笑，一邊說：「您不是說過，要想增強氣場能量，我就要進行一千次微笑訓練嗎？我已經訓練一下午了，臉都笑疼了，可是才發現二十幾種微笑的方法。」

邁克爾笑著說：「一千次微笑訓練並不是讓你對著鏡子找出一千種微笑的方法。不過，我真的很好奇，二十幾種微笑的方法你是怎麼找到的。」

毛豆氣憤地說：「那您為什麼不直接告訴我怎麼訓練，害得我現在臉只能保持微笑的狀態了。」邁克爾一看，果然，毛豆說話的口氣雖然很氣憤，但臉上還是保持著笑容。

邁克爾說：「現在看來，這樣也沒什麼不好，畢竟你已經非常懂得微笑了。」

毛豆說：「你快告訴我一千次微笑訓練到底是什麼吧！」

一千次微笑訓練是修練氣場能量的重要方法，其中，這「一千次」既可以當做虛數，泛指訓練之多，也可以當做實數，即想要完成修練至少要笑一千次才可以。而且，毛豆對著鏡子笑雖不是一千次微笑訓練的題中之意，但也起到了相似的效果。

微笑每個人都會，但並不是每個人都能隨時隨地地保持微笑。人們無法保持微笑並不僅僅是在面對不幸的事情時，也包括在面對讓我們太過幸福的事情時。不幸的事情讓我們傷心以至於無法微笑，太過幸福的事情則會讓我們開懷大笑，而無法保持微笑。一千次微笑訓練的目的就是讓我們在任何時候、任何情況下都能保持微笑，因為在微笑的狀態下，自身氣場才會調整到最好的狀態。

微笑會讓我們的氣場能量保持在合宜的狀態：身體不斷製造正面能量，這些正面能量從氣場內部均勻地向氣場外部散發，更易於與他人的氣場進行交流。在進入他人氣場時，微笑時的自身能量更易散發出善意的氣息，有助於與他人進行友好接觸。同時，微笑也有利於氣場中負面能量的排出。有人把微笑比做陽光，說它可以驅走我們內心的陰雲；也有人把微笑比做清風，說它可以趕走我們內心的壓抑。

關於一千次微笑訓練的具體方法，主要分為五個步驟：

第一個步驟，微笑練習。具體方法和毛豆之前做的一樣，就是對著鏡子微笑，但並不是像毛豆那樣尋找微笑的不同方法，而是用心感受微笑時自己的氣場變化，只有那些令自己覺得舒適的微笑才是你需要的微笑。

第二個步驟，微笑保持。具體方法是讀一些故事或者經歷一些事情，讓自己在各種各樣的情況下保持微笑。

第三個步驟，微笑實戰。具體方法是在面對陌生人時保持微笑，讓對方感受到你善意的氣場，同時讓你感受對方的氣場變化。

第四個步驟，微笑回饋。具體方法是在向他人微笑後，瞭解他人的具體感覺，尤其是對我們的判斷。

第五個步驟，微笑思考。具體方法是在得到對方的回饋後，思考自己的微笑有什麼問題，對自身與他人氣場有什麼影響。思考過後，再重新進行第一個步驟，直到你的微笑已經能夠散發出穩定、和諧、善意的氣場能量。

在一千次微笑訓練的過程中，你還要認識到，受自身氣場特點的影響，每個人能夠達到的效果是不一樣的。

【毛豆筆記】

微笑會讓自身氣場調整到最好的狀態，同時能夠時刻保持微笑也是氣場強大的表現之一。在微笑時，自身能量與他人能量接觸增多，這不但有利於我們瞭解更多他人或者群體的資訊，也有利於我們從他人氣場中獲取我們需要的能量。

保持微笑，同樣可以幫助我們掩蓋其他能量的變化。

自我肯定的思維藝術

邁克爾問毛豆：「你覺得自己是一個什麼樣的人？」

毛豆想了半天，回答說：「我覺得我是一個絕種好男人。」

邁克爾說：「不是社交網站上的那種自我評價，而是從內心裡認為你是一個什麼樣的人？」

「內心？」毛豆嘀咕了幾句，低著頭想了想，說：「這個，我真沒有想過。」

邁克爾說：「那你現在可以想一想你究竟是一個什麼樣的人。」

毛豆又低下了頭，過了很久才抬起頭，有點不好意思地說：「我覺得我是一個很不錯的人，很老實，不過很膽小，很重視朋友，很熱心，很……」毛豆忽然不說了，因為他看到邁克爾的手上有一張紙，紙上寫著「老實、怯懦、喜歡幫助他人、天真」。

毛豆指了指邁克爾手中的紙，問：「這是什麼？」

邁克爾答道：「這就是你的氣場給我的感覺。」

毛豆興奮地說：「看來我對自身氣場能量感覺很好，不過我一點都不天真，或許有一點。不，我不天真，嗯，可是……」

邁克爾打斷了毛豆的自言自語，說：「不是你對氣場能量的感覺很好，而是你的感覺影響了你的氣場，讓你變成了你自己認為的那樣。」

聽到這裡，毛豆的心裡產生了新的疑問：感覺能夠影響氣場？不過一分鐘之後，他的思維又回到了自己天真不天真的問題上。

相信很多人都會對邁克爾的這一句話產生疑問，但邁克爾所說的確實是事實。在很多時候，並不是你在瞭解你自己的氣場，而是你的氣場在回應你的感覺。如果你認為自己是一個好人，那麼你的氣場就會把你自己塑造成一個好人，然後再讓他人或者自己感覺到自己是個好人。

一些人可能會提出異議，比如，自己一直認為自己是一個成功者，那為什麼自己現在還很失敗呢？這是因為在大多數時間裡，你意識到自己並不是一個成功者。另外，當你的氣場接受了你的消極看法，形成失敗者的氣場之後，你的氣場同樣會回饋給你「自己是失敗者」的暗示。這是一個人認為自己是什麼，到氣場變成了什麼，再到感覺氣場時加深對自己認識的肯定過程。

在修練氣場能量的過程中，我們很容易遇到這樣的問題。因為很多人都不知道，實際上自己限制了自己氣場的變化。儘管他們很想改變，但是長期的自我認同讓他們的氣場十分穩定，穩定下來的氣場會成為增強自身能量的阻礙，因為氣場已經默許了自身的狀態並且不願意改變，然而，這些阻礙卻是我們必須克服的。對此，邁克爾給毛豆列了一些好的方法，你也可以參考一下。

改變自己的自我認同是一個需要堅持的過程，尤其是當你的氣場已經和你的自我認同一致時。你可以選擇一些方法讓自己的氣場運動起來，以打亂過去的自我認同。比如發現一種新的愛好，籃球、繪畫、讀書、聽優美舒緩的音樂等都可以。在進行這些活動的過程中，你的氣場能量會被啟動，增加一些新的能量以及能量運動。這時，你就可以多給自己一些相應的暗示，如自己是一個成功者，自己是一個更強大的人。

暗示不會在短期內發揮作用，不過如果你可以堅持下來，還是會起到很好的效果的。改變自己的自我認同，同時改變自己的氣場，如果你選的這些愛好與你對自己的新認識有一定的相關性，那麼效果會更好。

另外，你也可以採取行動引導氣場的做法，讓自己在做事時依據你想要的自我認識去做，比如如果你想成為一個強大的人，那你就要在別人面前表現出強大的樣子，久而久之，你的行動就會暗示你的氣場，進而讓你的氣場更加強大。

在修練能量的過程中，不要被自己已有的認識限制住自身的氣場，你要學會打開心靈的枷鎖，讓自己的積極能量流自由流淌。

【毛豆筆記】

我們應該明白，並不是「你想你所是」，而是「你是你所想」。我們的感覺與氣場會在一段時間內穩定下來，而這會成為我們變強的阻礙。我們需要做的是給氣場以新的資訊，讓氣場覺得自身已經改變，讓氣場回應我們的感覺。

氣場會回應我們的想法，無論自身想法是正面的，還是負面的。

點燃你的強烈渴望

不知道為什麼，毛豆發現在邁克爾到來以後自己似乎完全失去了動力。他感覺自己好像回到了剛參加工作時的那種狀態——迷茫、不知所措。而邁克爾卻知道毛豆發生了什麼，他覺得自己有必要讓毛豆從現在的困境中走出來。

邁克爾說：「你知道自己什麼時候跑得最快嗎？」

毛豆想了想邁克爾以前說的話，說：「在我想跑得最快的時候。」

邁克爾搖了搖頭說：「不對，雖然氣場會受到自我認知的影響，但以你目前的狀態，透過感覺操縱身體能量還很困難。」

毛豆又想了想，說：「那我就不知道了。」

邁克爾說：「是在你身後有隻狗在追你的時候，你會跑得很快。」

毛豆被邁克爾的話逗樂了，點了點頭。是啊，有隻狗追著肯定跑得快。

邁克爾接著又說：「而且，只有在你身後的狗跑得最快的時候，你才會跑得最快。」

毛豆的笑聲停止了，他知道邁克爾說這番話並不是為了好玩，肯定有特別的意思。毛豆不說話，靜靜地聽邁克爾繼續說。

「毛豆，你現在的問題是你身後的這隻狗不跑了。而這隻狗就是你的渴望，沒有了渴望，你就失去了繼續前進的動力。」

「那我怎樣才能找回自己的渴望呢？」毛豆回應道。

在毛豆問出這句話時，實際上新的渴望也就產生了。渴望對於我們每個人來說都很重要，渴望越強烈，我們就越容易實現目標；渴望越強烈，我們就越容易鼓足幹勁。同樣，渴望對於我們的氣場也很重要。當一個人失去了渴望時，他的氣場就失去了前進的方向，即使再強大的氣場，在失去了渴望之後也會瞬間變成一盤散沙。

想要擁有強大的氣場，我們就一定要擁有強烈的渴望。渴望是駕馭自身氣場的有效武器，渴望是讓自身氣場一往無前的動力，渴望是展現氣場壓迫力的有力支撐。渴望就像驅動氣場能量向前運動的統帥，指引著我們不斷向前。

增強自身氣場就需要放大自己的渴望。但是要注意的是，讓渴望更強大並不僅僅意味著讓渴望變得更強烈，還包括讓渴望更持久，讓渴望更長地發揮作用，讓渴望的目標更高，等等。同時，我們在點燃渴望時還要掌握好一定的度。當我們的氣場能量無法承擔渴望的需要時，氣場能量就會因為過度勞累而受到損傷。所以，在修練氣場能量的過程中，我們既需要運用渴望的力量，也需要調節好渴望的度。

我們可以透過很多途徑讓自己擁有渴望，比如設定一個目標。當我們越來越堅定地要達到這個目標時，我們的渴望就會越強烈，我們的氣場也會越強大。在眾多方法中，有一種增強渴望的最好辦法就是讓自己感覺到痛。例如，只有當毛豆感受到生活的痛苦時，他才會有改變生活的渴望，他的氣場才會有變強的動力，他的氣場才可能變得更強。要知道，在有狗追我們時，我們會跑得更快，是因為害怕體驗被狗咬到的那種痛苦。

沒有了渴望，人就會喪失生活的鬥志，氣場也會變得委靡。如果一個人擁有了渴望，他就會重燃生活的鬥志，氣場也會逐漸變得強大起來。如果你想擁有強大的氣場，就讓自己的生活充滿渴望吧！讓自己感受到生活中的痛苦和失落，以刺激你的渴望，你的氣場才可能真正強大起來。

【毛豆筆記】

如果你感受到失敗帶來的痛苦，你就應該把這種痛苦變成對成功的渴望，用渴望改變自身的氣場，讓自己向著成功不斷邁進。在生活中，我們會有不少痛苦的感覺。在強化自身氣場能量的過程中，我們需要把這些痛苦轉換成指向成功的渴望。

在遇到一件自己必須解決而無法解決的事情時，我們會擁有變強的渴望。

展現屬於自己的風度

毛豆在邁克爾的建議下開始讀美國第十六任總統亞伯拉罕．林肯的傳記。在閱讀的過程中，他發現自己深深地被林肯吸引，林肯身上那種幽默詼諧又不失智慧的氣度，以及那種能夠讓任何人折服的魅力讓毛豆深感欽佩。

在和邁克爾交流的過程中，毛豆問邁克爾：「邁克爾，我要怎麼做才能擁有像林肯一樣的非凡風度呢？」

邁克爾說：「儘管林肯真正的強大體現在他的風度上，但成就這一切的背後決定力卻是他那極富感染力的氣場。」

聽了邁克爾的話，毛豆說：「我並不需要像林肯那麼強大的氣場，我只希望能擁有像林肯一樣的風度就可以，這樣不知道會有多少小姑娘為我著迷。」毛豆邊說邊笑了起來。

邁克爾頗不懂幽默地打斷了毛豆的幻想，他說：「無論是林肯還是你，我們的風度都是由我們的氣場決定的，而且每個人的氣場都不相同，我們的風度也彼此不同。所以，你擁有和林肯一樣的風度的可能性是很小的。」

毛豆忽然泄了氣，輕輕地回答了一聲：「哦。」

邁克爾接著說：「可是，你可以擁有屬於自己的風度，只要你的氣場能量足夠強大。」

毛豆不禁問道：「風度和氣場到底有什麼關係呢？」

邁克爾解釋道：「風度就是氣場能量自然流露出來時給其他人的感覺。只有當你的氣場能量強大到能夠自由地進入他人的氣場並能影響他人時，你才能夠展現屬於你自己的風度。」

聽邁克爾這麼一說，毛豆又重新有了興趣。

單純去追求風度幾乎是一件不可能的事情，因為風度是內在自我的自然流露。在我們刻意追求風度時，反而會感覺非常不自然。所以，我們需要修練自己的氣場能量，透過氣場能量將我們的風度展現出來。因為風度是氣場能量的自然流露，一個人若很有風度，即可以說這個人很有氣場。

讓自己擁有風度的過程就是修練能量自然流露的能力的過程，這種能力可以讓我們的氣場能量在不知不覺中發生變化，對提高我們自身的氣場操縱力也會有很大幫助。我們每個人都擁有屬於自己的氣場能量，所以，修練要從自我開始。

首先，你要學會堅持自己的立場、自己的判斷。只有這樣，你才能夠真正掌握屬於自己的氣場，而這是你擁有風度的前提。如果過多地依賴他人，你就會很容易失去氣場的獨立性，這樣失去獨立性的氣場是無法強大起來的，你的風度也就自然無法流露出來。

其次，學會自律這一點更為重要。你要知道，並不是屬於自己的都是正面的、積極的，你要瞭解到自己的缺點，改正自己的缺點。因為這些缺點會產生一定的負面能量，並會在氣場中與正面能量發生衝突，最終影響到能量的自然釋放。

但是，改變一個小的缺點很容易，而改變一種壞的習慣卻是很困難的。你的氣場已經習慣了這種負面能量的注入，很可能會由於缺少這種負面能量的注入而使負面能量再次產生。所以在這個過程中，我們需要有足夠的自律以防止壞的習慣捲土重來。

還需要注意的是，自律的過程也是自我改變的過程，一定要把握好度。只有這樣，你才能夠既保持了自己的優點，又糾正了自己的缺點，最終讓自己的氣場能夠自然地流露出來。

【毛豆筆記】

能量的自然流露也是展現氣場能量的一種方式。雖然氣場中的能量會由於新能量的產生而不斷散發，但是這種散發在大多數情況下起到的作用很小。我們所需要做的就是增強這種散發能量的能力，以展現自己的風度。

在負面能量主導氣場的時候，負面能量同樣可以散發出來，只不過很少有人稱其為風度。

塑造六種黃金心態

心態對於氣場的影響是不言而喻的。當一個人擁有積極心態時，他的內心就會產生更多的正面能量；當一個人抱有消極心態時，他的內心就會產生更多的負面能量。

無論是正面能量佔據主導位置，還是負面能量佔據主導位置，新增的相同種類的能量都會讓氣場產生變化。也就是說，並不是正面能量會讓我們的氣場變得強大，負面能量也會讓我們的氣場變得弱小。而且在負面能量主導氣場的時候，也在一定程度上能夠起到讓氣場強大的作用。比如，在生活中，我們經常會覺得憤怒的人很有能量，這就是因為他的氣場中充滿了負面能量，並使得他的氣場變得很強大。

負面能量雖然可以讓人在短時間內處於氣場強大的狀態，但當我們回到正常，不再產生負面能量時，負面能量就會逐漸散發，我們的氣場也會隨之變得弱小。與此同時，新產生的正面能量會不斷地與負面能量發生碰撞，導致自身氣場混亂。所以，保持正面能量的持續產生對於自身氣場修練具有重要的作用，我們應該學會保持積極的心態。

隨著交往的不斷深入，邁克爾告訴毛豆他需要擁有的六種黃金心態，它們分別是：

1、主動

當你什麼也不做時，能量中心就沒有必要產生更多的能量來供自己使用。而在你主動做一些事情時，能量中心就會因為你的行動產生更多的能量，這樣你的氣場能量就會更多，氣場也會更強大。

主動的心態也會促使我們在平時調動更多的能量，以增強對能量運動的感受和理解，還可以增強我們的氣場操縱力。因此，在生活中，我們不應被動地接受一些事情，而應主動地爭取一些事情，比如主動爭取職位，而不是等待職位自己來找我們。

2、向上

當能量進入氣場以後，自身能量就會受到其他能量的影響，尤其是氣場主導能量的影響。這時，能量自身的特性就會逐漸消失，而呈現出主導能量的特性。向上的心態可以讓我們不斷向前，同樣可以幫助我們產生更多的正面能量，幫助正面能量成為氣場的主導能量，讓我們變得更加積極，讓我們的氣場變得更加有力。向上的心態實際上是一種向更高目標衝擊的心態，在生活中，我們應該學會為自己定一些略高於目前實力的目標，這樣我們才會不斷向前。

3、執著

執著的心態可以讓我們對自己的目標更加堅定，有助於讓我們的渴望產生最好的效果。在我們執著於某件事情的時候，心靈會產生一些促進事情向好的方向轉變的能量，因為不斷地渴望會讓我們的氣場變得更加強大。

擁有執著的心態很簡單也很複雜，簡單地說，只要你一步一步向前走就可以。而你一定也知道，可以一直一步步向前走本身就是一件很困難的事情。

4、愛心

愛心是能量的本源，當一個人擁有愛心的時候，他的氣場就更加願意與其他人的氣場接觸，解決他人的氣場問題，這會促使自身產生更多的正面能量，使我們更加積極。

5、自信

氣場能量會隨著我們對自己的信任程度的變化而變化，當我們相信自己時，無論這種相信是出於什麼原因，氣場能量都會變強；當我們不相信自己時，氣場能量就會相應變弱。因為對自己的相信和認可會促進更多能量的產生，而對自己的懷疑或疑問則會導致能量減弱。想要擁有強大的氣場，沒有自信的心態是很難的。想要擁有自信的心態，我們要從小處著手，從一點一點中建立起對自己的信任，然後再從大的方面強化自己的這種感覺。

6、樂觀

氣場能量並不是為了解決某一件事情而存在，而是長期存在的。如果你為一件事情而放棄了樂觀的心態，你的氣場能量就會變得衰弱。因為你已經失去了對於未來的信任與渴望，你的氣場能量便會支持你的這種想法，產生較少的能量，讓你無法信任自己和產生渴望。要記住，在生活中隨時保持樂觀的心態，你得到的將不僅僅是正面能量。

【毛豆筆記】

積極心態有助於心靈產生正面積極的能量，而無論哪一種心態都需要長時間保持，短時間的擁有是不會對我們的生活有太多改變的。同時，我們不能僅僅只是讓自己擁有這些心態，而應讓這些心態確實發揮作用，幫助解決自己的問題。

行動會堅定自己對於自身的認識，有時候，只要去做就很好。

外界能量吸納練習

毛豆在感受自身能量的時候，有一種奇怪的感覺。他發現自己不僅可以感受到自己與他人的氣場能量，還可以感受到另外一種能量流動。這種能量並不像自身的能量那麼複雜。而且，毛豆無法確定這種能量是正面能量還是負面能量。

在和邁克爾交談的過程中，毛豆忐忑地將這件事情說了出來，因為他總覺得這種奇特的能量有可能是自己的幻覺。可是邁克爾卻驚訝於毛豆的進步，意外地發現毛豆可以很容易地感受並且識別各種能量。

對於毛豆的疑問，邁克爾是這樣回答的：「除了人體能量以外，我們所處的世界存在著其他的能量。這些能量並沒有我們人類的能量這麼複雜，但在某些情況下，這些能量比我們的能量要強大得多。」

毛豆問道：「那我是怎麼感覺到這種能量的呢？」

邁克爾答道：「無論是氣場能量還是外部的其他能量，都是在不斷交流和運轉的。在你的能量與外部能量交流時，你的氣場會受到外部能量的影響，因而你會感受到這些外部能量。」

聽了邁克爾的話，毛豆忽然想到，那人們是不是可以駕馭外部能量呢？於是，毛豆又問道：「那我們應該怎樣操縱外部能量呢？」

邁克爾笑了笑，說：「操縱？我們是不可能操縱外部能量的。外部能量只是單純地釋放能量，我們只能吸納外部能量，且減弱或增強外部能量對我們自身的影響，而無法改變外部能量。不過，在修練氣場能量的過程中，我們是可以運用外部能量來修練我們的能量的。」

接下來，邁克爾告訴了毛豆如何運用外部能量的方法。我們需要瞭解外部能量和氣場能量的關係。首先，外部能量和氣場能量之間是相通的。在外部能量和自身氣場能量交流的過程中，一部分的外部能量會進入我們的氣場，成為氣場能量的一部分。

其次，外部能量會影響我們的氣場。在能量交流的過程中，外部能量透過影響我們氣場的能量運動來影響我們的氣場，比如淨化我們的氣場能量。比如，無論你的氣場有多麼躁動，但當你走進森林後，你就會發現自身氣場會逐漸平靜下來。這就是因為森林中的外部能量更利於吸取其他能量，讓我們氣場中的負面能量散發出去。

在運用外部能量修練自身氣場的過程中，我們要遵循兩個原則：

第一，多接觸與自身能量相近的外部能量，儘量避免接觸那些不同的外部能量。假如你是一個能量運動較慢的人，你就應該多接觸森林或者草地產生的外部能量，少接觸河流產生的外部能量。因為森林或者草地產生的外部能量運動較慢，這種能量很容易轉換為你自身的氣場能量，而且，也不會影響你自身能量的運動。河流則不同，它產生的外部能量運動速度較快，你自身的氣場能量很難與其相適應。

第二，不要長時間接觸同樣的外部能量。相對於外部能量來說，我們的能量更複雜，長期接觸同樣的外部能量有助於讓我們的氣場穩定下來，但也有可能讓我們的氣場能量變得單一，無法增強氣場能量。

在接受外部能量的過程中，我們還應該注意儘量讓氣場能量得到放鬆。當你的氣場能量很集中時，外部能量會與你的氣場能量對立起來，這樣很可能不但不會幫助你吸收外部能量，還會讓你受到外部能量的不良影響。

【毛豆筆記】

除了透過能量中心產生能量以外，我們還可以透過吸取其他能量來增強自身的氣場。吸取其他能量的最好途徑就是吸取外部能量，這是增強自身氣場的捷徑之一，不過，在這個過程中，你要注意保持自身氣場的和諧穩定。

身體的感覺，會幫助我們判斷外部能量對自己是有利還是有害。

修練強大的底氣

邁克爾忽然問毛豆這樣一個問題：「現在，憑你的直覺迅速做出選擇，在左耳邊和右耳邊各有一個人在對你講著什麼，一個聲音很洪亮，另一個則有氣無力，你會選擇聽哪個的呢？」

毛豆真的想都沒想就說出了自己的答案：「很洪亮的那個。」

邁克爾又問：「可是你並不知道這兩個聲音哪個是正確的，哪個是錯誤的，你又是如何做出選擇的呢？」

毛豆也並不知道自己為什麼會做出這樣的選擇，只是在邁克爾強調憑藉直覺選擇以後，就真的運用自己的直覺選擇了。

在生活中，很多人都會做與毛豆相同的選擇，人們總是更願意聽氣場更強的人說話。聲音洪亮的人氣場更強是因為聲音洪亮可能代表著自信，自信說明這個人很有底氣，而且還可以使一個人的氣場增強。

當一個人理直氣壯地欺騙別人時，很多人都會相信這種欺騙，因為這種欺騙看起來更可信一點。但是如果一個聲音顫抖的人講實話時，很多人卻很難相信他說的話，因為這種真實聽起來很虛假。

在生活中，我們同樣需要讓自己擁有更為充足的底氣，這樣我們才會顯得更加自信，而自信心的提升能夠提高自身的氣場，當然，我們的目的並不是為了去騙人。

底氣，主要指的就是一個人的呼吸。呼吸支撐著人的生存、思考、做事、行動等，當呼吸無法支撐身體時，我們的身體就會出現很多問題，而更多的問題則會出現在我們的氣場上。呼吸不足會極大地影響我們的氣場，因為包括情緒變動在內的很多氣場活動都需要運用底氣。真正想成為像演說家那樣的人物，擁有強大的氣場，就需要我們練習自己的呼吸。當你底氣十足時，你的氣場就會變得強大。

邁克爾為毛豆講述了以下幾種方法以幫助他修練底氣：

1、多參加體育鍛鍊，增強身體能力。身體能力得到增強的同時，我們對於呼吸的依賴也會加強，有利於強化自身底氣。

2、練習跑步、游泳等可以增強肺活量的運動，當肺活量提高時，你能提高的氣息增多，身體能量和心靈能量都會得到提升，也就是說自身的氣場將得到加強。

3、找到最適合自己的呼吸頻率，每種氣場對應的呼吸頻率都不盡相同，比如，內斂的氣場就比較適合較慢的深呼吸，這樣有利於維持自己的氣場，又不至於使氣場變大。

4、無法調整呼吸頻率時多做深呼吸。在當眾講話或者和其他人辯論時，自身氣場和他人的氣場很容易發生碰撞，進而影響到我們自身的呼吸節奏。這時，不必急於跟對方爭論，而應慢慢調整自己的呼吸頻率，多做深呼吸，這樣你的呼吸頻率才會恢復正常，才有利於發揮自己的氣場。

總之，氣場中的氣雖然與底氣中的氣不同，但是兩者是緊密相關的。底氣關係到氣場的強弱，因為氣場的能量來源於自身，而呼吸正是自身存在的必要保證，當身體能力增強時，氣場自然也就增強了。

【毛豆筆記】

擁有強大的底氣是擁有強大氣場的重要前提，因為呼吸功能的強弱不僅關係到身體能量的強弱，同時也關係到心靈能量的強弱。想要增強自身的氣場，我們就要注意訓練自己的呼吸能力，讓自己可以時刻得到充足的能量供給。

深呼吸可以讓我們的氣場能量供給得到更充足的保證。

useful point

第三章 話語氣場的無窮掌控魅力

如何一開口就抓住對方的注意力？如何一語擊破對方的心理防線？如何避免談話中可能出現的各種意外……強大的氣場是發揮語言魅力的重要基礎，語言也是操縱氣場的一種有效手段。如果你能將語言和氣場完美地結合起來，你就可以透過談話得到自己想要的。

最能展現魅力的四種說話術

「今天發生了什麼事情，怎麼這麼生氣？」邁克爾關切地問道。

「你是怎麼知道的？」毛豆對此表示相當驚訝。

「你自己看，你的氣場已經快承載不住你的憤怒了。說吧，發生什麼事情了。」

毛豆於是就把今天發生的事情向邁克爾講了一遍：老貝調走以後，上級派來一位叫李恩威的新主管。這位主管非常有魅力，一來就迷倒了公司的眾多美眉。結果，她們立刻就把毛豆這個任勞任怨的「苦力」拋在腦後了。

邁克爾道：「中國不是有句話叫『人往高處走，水往低處流』嗎？她們這也算是棄暗投明了。」

毛豆道：「你就知道拿我開心，你倒是想想，我該怎麼辦？」

「現在，你需要看一下這段影片。想要讓自己擁有非凡魅力，你就要像這段影片中的歐巴馬一樣，用話語操縱自身氣場，讓自己釋放出強大的能量。」邁克爾邊說邊打開了一段錄影。

「今天晚上，我想到了安妮在美國過去一百年間的種種經歷：心痛和希望，掙扎和進步，那些我們被告知辦不到的年代以及我們現在這個年代。現在，我們堅信美國式信念——是的，我們能！」

看完影片很多分鐘之後，毛豆還沉浸在歐巴馬的演講中無法自拔，早就將要向歐巴馬學習這件事忘到九霄雲外了。

歐巴馬的演講非常成功，他透過演講展現出強大的魅力氣場。可如果這段話由毛豆來說可能會是另外一種樣子。實際上，話語有沒有魅力並不完全是由口才的好壞決定的，更多是由我們展現出來的魅力氣場決定的。

無論是歐巴馬、李恩威還是毛豆，每個人都擁有屬於自己的魅力氣場。如果能夠將自身的魅力氣場展現出來，我們就能夠迷倒或者征服他人。在展現魅力氣場的過程中，說話術是一種非常重要的手段。邁克爾正是想透過歐巴馬的演講讓毛豆瞭解魅力氣場的重要性和展現自身魅力的四種說話術。

第一，少說「我」，多說「我們」。只有他人願意接受我們的氣場能量，對方才能感受到我們氣場的魅力。當一個人使用「我」這個字越頻繁時，氣場的鋒芒就會越強。這時，自身氣場和他人氣場就容易相互對立，氣場能量的交流就可能遇到阻礙。「我們」則更容易建立一種適宜能量交流的環境。所以，我們看到在這段不到百字的文字裡，歐巴馬用了很多次「我們」，而只用了一個「我」。

第二，少說官話和客套話，多說自己的話。官話和客套話展現的並非是自己的真實氣場，官話和客套話說得太多，自身氣場的魅力就很難發揮出來。多表達自己的看法可以釋放更多的自身能量，更好地展現屬於自己的氣場魅力。

第三，說話時不要忽軟忽硬，應注意統一風格。每個人的氣場都會有很多變化，但若在一段時間內變化太多，自身氣場就會無所適從。當你時而幽默，時而冷酷的時候，你的氣場就會變得很奇怪，魅力氣場也可能相應改變，很難形成強大的氣場力量。

第四，不要過於低俗，注意自身氣場水準。想到什麼就說什麼雖然可以讓我們的氣場更加自然，卻可能導致我們難以控制自身的氣場能量。在使用一些低俗的話語時，我們的氣場能量也會變得低俗。

話語是釋放氣場能量的重要手段，而氣場能量則是話語力量的基石。想要成為像歐巴馬一樣有魅力的人，就要讓自己的說話術與自己的魅力氣場相契合。

【毛豆筆記】

每個人都有屬於自己的魅力，只要善於利用，任何人都可以展現出獨一無二的魅力。在生活中，按照一定的方法運用話語，我們就能夠釋放出更多的氣場能量，展現出更強大的魅力氣場。

毛豆有了新的目標，那就是不做苦力豆，要做魅力豆。

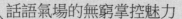

以直抒胸臆的方式去求人

氣場能量分佈在我們身體四周，不僅可以幫助我們瞭解和感知他人的氣場，同時還可以探知外部的危險並幫助我們及時做出反應。當氣場感覺到危險時，它會向內收縮，聚集在身體附近。雖然能量的總量並沒有增加，但由於集中在較小範圍內，氣場就會變得較強。請求他人會讓他人作出一定改變。傾向於穩定的氣場會視這種改變為危險，並作出相應改變。在我們請求他人時，他人會因感受到危險而迅速收縮，這時想說服對方同意我們的請求就會比較難。如果想讓他人答應我們的請求，就必須抓住氣場收縮之前稍縱即逝的時機。

古莉莉可以說是最擅長抓住這種時機的女人。快要下班的時候，她抱著一堆文件來到毛豆的面前，對毛豆說：「這些幫我處理一下，今天我有急事要先走。」還沒等毛豆反應過來，她就匆匆離開了，並且幾乎在毛豆說出只有自己能聽到的「好」的同時說了聲「謝謝」。

毛豆看了看自己眼前小山一樣高的檔案，心想真倒楣，又要加班了。

為了避免這樣的事情再次發生，毛豆第二天專門跑到咖啡廳向邁克爾請教，究竟為什麼自己會不明不白地答應別人的一些無理要求。

邁克爾問：「你請別人幫忙的時候是什麼樣子的？」

「我一般都說：不好意思打擾了，你可不可以幫我一個忙？」

「然後他們答應你的請求了嗎？」

「有一些答應了，有一些拒絕了。」

「他人的請求會對自身造成一定影響，氣場會將這種影響視為危險，於是本能地收縮。同時，我們會依靠思維和習慣去判斷該不該答應這樣的請求。但如果像你的同事那樣不給他人反應的時間，他人就會因為無法及時作出判斷而盲目答應。」

「是啊，她都不給我思考的機會。」毛豆終於恍然大悟。

生活中，我們也會遇到一些需要請求他人幫忙的情況，此時，想要突破收縮的氣場能量是很難的，而在對方氣場能量正常時，像古莉莉那樣採取「直抒胸臆」的方法會收到較好的效果。

除此之外，「直抒胸臆」的方法會使自身的氣場能量更強大。在請求別人幫忙時，我們的氣場實際上是弱於對方的，如果你再以較低的姿態釋放較少的氣場能量，你的氣場就很難強於對方的氣場。「直抒胸臆」時，你的氣場能量會感覺你的請求是「理所當然」的，不但不會減弱，反而可能增強，這樣就更容易讓對方屈服，答應你的請求。

理解了「直抒胸臆」這種方法的毛豆心裡偷偷在想，不妨依樣畫葫蘆地整古莉莉一回。

幾天後，毛豆同樣拿著一堆檔案來到古莉莉面前。不過，還沒等他說出「妳幫我處理一下」這句話，古莉莉就對他說：「沒想到你這麼忙，那麼我的你也順便處理一下吧。」說著便將自己桌上的檔案放到毛豆的檔案上。

毛豆百思不得其解，為什麼這次又被古莉莉擺了一道。

原因很簡單，古莉莉很擅長使用這種方法，看見抱著一堆檔案的毛豆，頓時就明白怎麼回事。之後，她迅速搶佔上風、反戈一擊。如果想要依靠突破對方正常氣場來達到請求別人幫忙的目的，你一定要選擇對方沒有準備的時機。否則，在對方氣場已經收縮時，「直抒胸臆」的方法便無從突破，難以收到預期的效果。

這是我們在使用這一方法的時候需要注意的。

委婉地表達自己的請求的確能夠讓對方感受到自己的真誠，卻也將決定權完全交給了對方。在某些時候，我們需要採取這種「直抒胸臆」的方法，利用強大的氣場能量影響對方的決定，達到自己的目的。

【毛豆筆記】

氣場強弱的對比會影響到他人是否答應我們的請求。在他人的氣場沒有準備時，直接說出請求就不會遇到對方變強的氣場，同時自身氣場的能量也不會受到影響。此時，我們就有更大的可能去突破對方的氣場，最終達到自己的目的。

在利用「直抒胸臆」法時，一定要注意對方是否已經察覺了你的想法。

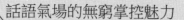

用強烈的肯定讓他人信服你

人們在一天中會說很多話，而這些話中有一些是真話，也有一些是假話。人們說謊的原因有很多，比如保護自己，或者為了追求某些利益。

在毛豆眼裡，他的房東就是一個會為了金錢而說謊的人。現在，他的房東正向毛豆收下個月的房租。可是在毛豆的印象中，十幾天前他就付過了房租，於是毛豆和房東爭執起來。很久之後，房東終於讓步了，說回去查一查記錄再說。

對於平時稍顯得有些懦弱的毛豆來講，這可以說是一次「偉大」的勝利。不過，這種感覺只維持了一會兒，因為邁克爾提醒毛豆十幾天前的情形。原來，毛豆那些天正好出差，錯過了交房租的時間，他卻習慣性地覺得自己交了房租。

想起這些後，毛豆立刻就變得像一顆洩了氣的皮球。過了一會兒，毛豆問邁克爾：「那為什麼剛才我感覺自己特別有力量，氣場甚至強過我的房東？說謊的明明是我啊。」

邁克爾說：「氣場的強弱與你說的是真話還是謊話並沒有絕對的聯繫，而在於你運用了多少肯定句式。你說的是你確定交了房租，而不是可能交了房租，這令你的氣場增強了很多。」

毛豆想了想，又問：「那是不是當我們用非常肯定的語氣說話時，氣場就會增強？」

「可以這麼說，氣場無法分清你是在說真話還是在說謊話，只會依靠你對自己話語的信任程度來回應你。當你用強烈肯定的語氣時，你就表明自己很認可自己的狀態，相信自己是正確的，你的氣場能量就會增強。」邁克爾回答。

邁克爾只說了強烈的肯定對於氣場影響的一部分。對於一件事，你說「可能」，你的氣場就會遊移不定；你說「一定」，就表明你瞭解並且掌握這些情況，你的氣場能量也會變得更加堅定、更加強大。所以，在很多時候，用一些強烈的肯定會讓你的氣場能量增強很多。當你的氣場增強以後，他人就會更加相信你。

在運用強烈的肯定這種方法時，我們還需要注意一些情況。首先，你必須保證自己的這些肯定並不違背事實也沒有明顯的邏輯錯誤。如果不能保證這一點，你就可能會被對手抓住時機反擊。其次，儘量把自己的肯定運用在一些細節上，而不是從宏觀的角度對事件作出評價。宏觀的角度會讓我們的話語出現一些漏洞，也會讓自己與他人的氣場交鋒更激烈。因為你的肯定可能涉及對方堅守的理念。強烈的肯定會增強自身的氣場能量，讓他人相信自己，但同時也可能會使兩個人的氣場衝突加劇。一旦對方發現他被愚弄了，接下來受苦的就是你自己了。

當毛豆和房東解釋清楚並且把房租交了以後，房東對毛豆進行了『冗長而有力』的批評。

【毛豆筆記】

氣場能量會回應我們對於自身的看法，當我們的話語中透露出強烈的肯定意味時，我們的氣場就會明顯增強，能夠讓他人相信自己的判斷和看法。但同時，這種突然強大的氣場也可能會製造更為激烈的氣場交鋒，運用強烈肯定時應當有所把握。

信任自己，並用有力的話語表達自己的意思，可以讓自身氣場變得更強大。

回憶往事引起對方共鳴

毛豆最近總是悶悶不樂的，經過一番詢問，邁克爾知道毛豆原來是被丘比特的神箭射中了。但問題是毛豆不知道該和她交流什麼。

毛豆垂頭喪氣地對邁克爾抱怨：「我什麼時候才能像您一樣，到哪都有那麼多人喜歡，有無數的話題跟別人聊。」

「你也可以做到這些的，只要你掌握好自己的氣場。」

「我不想知道什麼氣場，我只想知道該和她說些什麼。」

「那你還記不記得我們第一次見面時說了些什麼？」邁克爾問毛豆。

毛豆想了想，除了『氣場』和『操縱』這兩個詞以外，他實在想不起更多的內容了。邁克爾接著說：「現在，你幾乎不記得當時我們聊了什麼，卻依然記得那天很開心。這是因為在交流中，真正重要的是氣場能否共鳴。可以共鳴的氣場就能愉快相處，無法共鳴的氣場就可能出現很多矛盾。」

「那怎麼才能夠讓氣場共鳴呢？」

「交流的時候，適當回憶一些往事。回憶往事時，氣場會更容易產生共鳴。」

回憶往事的過程就是在記憶中提取故事、分析故事的過程，這會引起氣場的變化。我們也許只是在講述一段故事，但氣場是在重新經歷故事中的過去，在這個過程中，我們的氣場會隨著故事的發展而不斷變化。當然，不僅講故事的人的氣場會發生變化，聽故事的人的氣場同樣也會有一定變化。在這樣的交流中，雙方氣場發生相似變化的可能性就提高了，產生氣場共鳴的可能性也就提高了。

如果你想要增加彼此氣場共鳴的可能性，就應該讓對方產生一種身臨其境的感覺。回憶往事時，不要只是將事情的來龍去脈講清楚，還要多講一些自己當時的所見所聞、所思所想。這樣，對方的氣場才會隨著你的講述回到你的過去，感受到你過去的那些感受，才可能有和你的氣場相同的變化，雙方氣場最終才會實現共鳴。形成共鳴之後，只要你沒有太大的失誤，氣場之間的這種共鳴狀態便會一直持續下去。

當然，為促成這種共鳴，選擇良好的環境也是必要的。想讓對方的氣場隨著你的講述而發生變化，我們一定要讓對方的氣場先放鬆下來。因為正常的氣場能量常會出於保護的目的而拒絕外界對自身的影響，只有在放鬆的環境下才更容易接受他人話語氣場的影響。另外，人太多的環境也不適合採用這種手段。在你的氣場能量和對故事的把控不強的時候，多人氣場的交叉影響會大大降低這種手段的效果。所以，你一定要選擇舒適的、人少的環境。

學習了一系列氣場知識的毛豆決定現學現用，他鼓起勇氣約自己喜歡的女生到一家咖啡廳，並選擇了一個安靜的角落坐下。

經過精心準備，毛豆說：「記得有一次，我在桌子下發現了一條毛毛蟲……」女生聽到後便以迅雷不及掩耳之勢驚叫出來：「啊——毛毛蟲！」

【毛豆筆記】

選擇適宜的方式、適宜的環境會增加氣場變化的相似性，進而引起共鳴。回憶往事時，他人的氣場能量會隨著我們的話語發生變化，與我們的氣場能量處於相同的頻率。

往事如風，但吹過每一個人的耳旁時，都會在心底掀起一絲漣漪。

避免硬碰硬，躲開他人的情緒地雷

在與他人交流的過程中，我們應當避免講那些容易引起他人反感的話題，這是保證談話順利進行的必要條件。比如說跟女性聊天的時候不要詢問女性的年齡，跟老人聊天的時候不要說關於死亡的話題，等等。此外，由於自身的經歷、他人的評價等原因，每個人又有一些屬於自己的忌諱。和他人交流時，一時不慎，我們就可能走進他人的情緒地雷。

想要躲開他人的情緒「地雷」是有一定難度的。我們不可能在任何時候都瞭解對方的心理變化，更不可能完全瞭解對方過去的經歷。所以，我們需要走另外一條更加安全的路。

一般人的情緒從產生到爆發都需要一段時間，除了刻意激怒對方以外，氣場不可能迅速發生變化。通常情況下，氣場會不斷累積情緒變化產生的能量，達到某一點才完全爆發出來。那麼，只要我們躲開氣場爆發的那個點，就可以說避開了他人的情緒地雷。

最近，毛豆和他的同事們的處境十分悲慘，因為他們的上司李恩威不知道為什麼這段時間總是因為一點小事就發很大的脾氣。為了自己和公司的同事，毛豆只好又向邁克爾請教。

邁克爾說：「最好的方法就是找到他製造負面能量的原因。這個原因導致他的負面能量的累積，導致他的情緒地雷的範圍擴大。根除這個原因，你們的日子自然才會好過。」

毛豆抓了抓腦袋，說：「雖然他經常和我們聊天，但我們還是很不瞭解他。」

邁克爾說：「那最好的方法就是避免和他接觸，不過這個對於你們來說很難。想要躲開他的情緒『地雷』，還有兩種比較好的辦法……」

第二天，毛豆來到公司的時候，李恩威正在找他。接著，李恩威從毛豆老是遲到批評到毛豆最近的專案。毛豆靜靜地聽著，很少說話。過了一會兒，李恩威終於覺得有些無趣，讓毛豆離開了。這就是邁克爾的第一種方法：避免氣場接觸。

對於我們來說，避免與一些人接觸是比較難的，但避免與對方氣場接觸卻簡單得多。避免與對方氣場接觸，自然也就減少了進入對方的情緒地雷的可能。這時，我們需要做的就是減少氣場能量的運用。少說話，尤其是一些會調動氣場能量出擊的話，將能量收縮在自己身體附近，這樣，無論對方氣場中的情緒地雷多麼廣，我們都可以輕易避開。

可是我們不能總是表現出唯唯諾諾的樣子，所以，第一種方法適用的範圍比較窄。而第二種方法可以彌補第一種方法的缺陷，不過應用起來比較複雜並且更難掌握。

第二種方法的核心是「見硬就軟」和「打遊擊」。例如，在戰鬥中，遇到敵方的地雷時，軍事指揮大多會派一些專家前去探測。如果這些地雷確實無法排除，軍隊就會換一條路前進，第二種方法便是如此。「見硬就軟」就是指遇到對方可能出現的情緒地雷時，我們就不要繼續向前，而要主動不繼續當前話題。之後，我們就要「打遊擊」——更換話題。

走進他人的情緒地雷是一件非常糟糕的事情，我們極有可能因為一些並不是自己做的事情而無辜受累。躲開他人的情緒地雷，需要我們多一點氣場敏感度，並且減少與情緒地雷擴大的人的氣場接觸。

【毛豆筆記】

話語氣場並不總是越強越好，有時候強勢的話語氣場可能會進入對方的「雷區」，導致雙方氣場的對抗。運用話語氣場時，一定要把握好分寸。強的時候不強也許不會出現很大的問題，但弱的時候不弱就會出現很多問題。

想要避免與他人衝突，關鍵在於避免氣場接觸。

用幽默語言營造融洽氛圍

在一次婚禮上，有人邀請馬克．吐溫為新人講兩句。馬克．吐溫緩緩站起來，說：「如果一個人婚後的生活都和他們一樣幸福，那麼我就浪費了很多時間，假如一切能從頭開始，我會在咿呀學語的嬰兒時期就結婚，而不會把時間荒廢在磨牙和打碎瓶瓶罐罐上。」

毛豆反覆讀了幾遍，覺得馬克．吐溫的語言的確很幽默，而且這種幽默給人的感覺很舒服。毛豆心想，如果自己也這麼幽默該有多好，自己就能……

像馬克．吐溫這樣的幽默大師雖然少，但在生活中，我們一樣可以說出很多精彩的幽默話語。幽默在人與人的交流中能起到很重要的作用，可以在短時間內調節緊張的情緒，讓人與人之間的接觸更融洽。在不同的氣場接觸時，幽默語言可以營造出更融洽的交流氛圍。

我們已經知道，氣場的能量會不斷從體內產生而逐漸向外散發。這意味著氣場的能量是在不斷產生「新陳代謝」的。幽默的語言可以讓心靈製造新的正面能量，這些新產生的正面能量會取代過去產生的部分能量，一些負面能量也會被排出氣場之外。氣場能量的攻擊性將隨之減弱，與他人的接觸會更容易。

同時，幽默還會將自己氣場中的正面能量傳輸給對方，這些正面能量會成為雙方氣場接觸的橋梁，讓交流中的兩個人維持良好的互動關係。

幽默的確有如此多的好處，但在運用幽默的過程中，我們還需要注意以下幾點：

第一，不要為了幽默而幽默。氣場能量的散發越自然，效果越好。如果並非發自內心，而是為了幽默而幽默，你的氣場能量與話語之間就會產生衝突。這樣不但無法起到幽默的效果，還可能會讓雙方覺得尷尬。

第二，避免不分場合、不分對象的幽默。在不同的場合、不同的對象面前，同樣的幽默故事產生的作用也是不同的。在一些情況下，幽默產生的正面能量會起到積極的作用；而在一些場合中，幽默很可能會起到消極的作用。所以，我們一定要考慮幽默的時機。

第三，不要刻意諷刺他人。有這樣一個故事：魏晉時，謝石打算隱居山林，可是父命難違，自己不得已在醒公手下做司馬。一次，有人送醒公草藥，其中有一味名叫遠志。醒公問謝石：「這藥又叫做小草，為什麼同是一物而有兩個名稱？」謝石一時答不上來，郝隆當時在座，應聲說道：「這很好解釋，隱於山林的就叫遠志，出山就叫小草了。」謝石聽聞此言，滿臉愧色。郝隆的話雖然很有趣，但在謝石聽來自然感覺很難受。這是因為郝隆的話語雖然幽默，卻帶有攻擊性。在傳遞的氣場能量中富有攻擊性的負面能量，謝石自然不會感到好過，也不會對郝隆產生好感。

與他人交流時，適當的幽默是必需的，但是多餘的幽默反而會阻礙人與人之間的關係。我們應該選擇合適的時間、合適的環境、合適的人，合適地幽默一下。

【毛豆筆記】

在與他人交流的過程中，適宜的幽默可以讓彼此的氣場接觸更融洽，讓話語氣場的魅力盡情展現。

冷笑話並不算是幽默，在大多數場合應該避免使用。

話語暗示，讓他人理解自己的意圖

毛豆最近發現一件很奇怪的事情，每一個和李恩威談過話的人都開始很努力地工作，他們部門的業績也在不斷提升。毛豆隱約感覺到李恩威快要找自己談話了。

果不其然，李恩威在毛豆去飲水機裝水的時候來到毛豆身邊。毛豆想李恩威肯定會像在公司會議上那樣大談銷售額，可是李恩威只是簡單地說了幾句似乎與工作毫無關聯的話。他說：「小毛，你說這飲水機怎麼總是在加熱中？可惜公司又沒有多餘的預算再購置幾台飲水機。」毛豆雖然不明白這句話到底是什麼意思，但還是感覺到從李恩威眼中射出的兩道寒光，脊背一陣發涼。

他將這件事和邁克爾講了一遍，希望邁克爾指點一下他。

邁克爾說：「看來，你們的上司真的是一個很要強的人，或者是一個很有野心的人。」

毛豆被邁克爾弄得更糊塗了，只好等邁克爾繼續說下去。

邁克爾說：「飲水機中的水不能馬上喝有兩個原因，或者是飲水機太少了，或者是人太多了。既然不能再買幾台飲水機，那就只能裁員了。」

毛豆這才恍然大悟：「原來李總一直在會上提銷售額，是在暗示我們要加倍努力工作，不努力工作就會被裁掉啊。」

暗示是人們生活中最常見的一種語言技巧，這種技巧有效地避免了雙方氣場的直接碰撞，同時也將自己的意思含蓄地表達出來。可是，如果暗示時沒有氣場能量的參與，他人就可能很難理解或者會錯誤理解暗示的意思。

那麼該如何運用暗示駕馭自身的氣場，讓暗示更有效呢？邁克爾告訴了毛豆四種方法：

第一種，明示與暗示相結合。氣場會隨著我們語言的變化而變化，最終影響到他人的氣場。但暗示很難駕馭氣場能量，所以你可以透過明示的方法將一部分影響施加給對方。對方感受到這種能量的影響，自然也會更容易理解之後的暗示了。

第二種，反覆多次地訓練。雖然短時間內我們無法駕馭氣場按照暗示的意圖影響對方，但只要不斷地重複，氣場識別了我們的暗示，因而發生變化施加影響，我們就能夠透過氣場讓他人理解我們的暗示。

第三種，選擇合適的環境。周圍環境會對我們的氣場能量有所影響，就像在樹林中，氣場能量的活動就會減少。

我們同樣可以利用一些有利的環境讓氣場產生相應的變化。比如李恩威選擇自己的辦公室，這時，他的氣場會變強，而且會有一定的侵略性。在這裡暗示員工要努力，不努力就裁員更容易起到預期的效果。

第四種，用事實來暗示。不一定非要把暗示說得玄而又玄，我們可以舉一些例子來暗示對方。我們的氣場會將事實中的變化很好地展現出來，傳遞自身的能量。假如毛豆要向李恩威暗示自己很努力，他不需要說其他的，只要多舉幾個自己努力的實例就可以。

暗示本身就是經過精心加工的語言，自身氣場可能都很難理解暗示的真正目的，對方可能就更難理解了。但如果我們透過氣場傳達暗示的目的，對方就更容易明白我們的暗示。

【毛豆筆記】

語言和氣場能量在大多數時候是同步的，暗示別人時卻不一定如此。如果想讓他人理解我們的暗示，我們就需要將自身氣場與暗示結合起來，因為同時讓他人接收到暗示的語言和氣場的能量會大大提升暗示的成功率。

這裡的方法也適合自我暗示、心理暗示等其他方面。

贏得他人關注的不二法門

一年一度的同學聚會很快就要到了。每次參加同學聚會時，毛豆只能聽其他人高談闊論，自己說的話總會被他人忽視，這讓毛豆覺得自己可有可無。今年，他決定有所改變，因為他已經知道是自己束縛了自身氣場，進而讓自己沒辦法吸引到他人的注意。不過，毛豆覺得自己還需要邁克爾的說明。

「如何迅速成為操縱話語的高手？」邁克爾正在仔細思考毛豆的請求，「這個很困難，氣場強大的人的確可以很好地操縱話語的力量，但氣場操縱話語的能力一般需要長期訓練才能較好掌握。如果時間的確很緊的話，有一些方法還是可以幫助你的。」

毛豆忙問：「什麼方法啊？」

「你想不被別人忽視，就要引起他人對你的興趣，那麼，首先你應該對他人感興趣。」

「對他人感興趣？我怎麼做才表示對他人感興趣啊？」毛豆又感覺自己知識的匱乏了。

「多問對方一些和他有關的問題，用你真誠的氣場去感染對方的氣場，耐心地關注他人的興趣，讓對方將自己的興趣講出來，當他的話語氣場是因為你而產生氣場活動，他的關注點也就是你了。」

邁克爾的這一番話毛豆很久之後才真正理解：當一個人氣場突然增強時，增強的氣場能量就會提高交流的傾向。如果我們讓一個人的氣場突然增強，那麼他的氣場能量就會願意與我們自身的氣場能量進行交流，他也會更多地關注我們。

著名的成功學大師戴爾．卡耐基曾經講過這樣一個故事：一次，他參加一個由很多學者參與的宴會。宴會中，卡耐基一直耐心地聽一位植物學家講關於植物的故事。宴會結束以後，這位植物學家對宴會的主人評價說卡耐基擁有非常好的口才，可實際上卡耐基只是耐心地傾聽並時不時對其表示贊同而已。

植物學家高度評價卡耐基，是因為卡耐基找到了植物學家的興趣，當植物學家氣場增強的時候，卡耐基成為這些能量唯一交流的對象，也就成了植物學家唯一關注的人。

在與他人交流的過程中，要想讓別人注意自己，並不一定非要說很多話。如果你能夠耐心關注對方的興趣，並且恰到好處地提出幾個相關的問題，讓對方氣場更多地與自己交流，你就可以成為對方關注的目標，進而成功吸引到他人的注意。

在類似同學聚會或者其他聚會的場合中，尋找他人樂於談論的話題實際上是很容易的。他人的工作、喜歡的寵物、喜歡的運動等，都可能是其樂於談論的話題。在恰當的時機適時地詢問對方的情況，找到對方的興趣所在你就能像戴爾·卡耐基一樣什麼也不做就得到他人的高度讚賞。

引起他人關注，最基礎的方式就是多次提及，也就是有意識地多提一些和對方興趣有直接關係的問題。無論如何，隨著不斷重複，你總能引起對方氣場能量的爆發。中級的方式就是提出一些對抗性較強的問題，相對於讚賞來說，對抗性的問題更容易引起對方的關注。因為當一個人想要對抗其他人的話語鋒芒時，就會調動最全面的氣場能量。只要控制得當，你和對方就可能「不打不相識」，不僅得到他的關注，彼此還可能成為好朋友。

而最高級的方式是讓對方提出問題。首先，我們依舊要尋找對方的興趣，向對方提出問題。但你要讓自己提出的問題有對方的關注點，並不是對方關注你要問什麼，而是讓對方關注你為什麼這麼問。在氣場中的能量交流較好的狀態下，對方就會忍不住詢問你了。

增強氣場能量交流的根源在於激發對方更多的氣場能量，需要我們找到對方的興趣。其中，耐心地瞭解與提問是我們最好的幫手。當我們的氣場能量中充滿了一種願意接納對方傾訴的力量時，對方氣場能量的散發便會變得更加容易。

【毛豆筆記】

想要引起他人的注意，最好的辦法就是讓他人向自己傳遞大量氣場能量，這就需要我們關注他人的興趣，然後向對方提出很好的問題，在對方回答問題的過程中，對方氣場中的能量就會傳遞到我們的氣場中。

在提問的過程中，我們不該提沒意義的問題，這樣很可能會引起對方警覺。

useful point

第四章
用身體語言潛移默化影響他人

身體語言的變化不僅會影響身體能量的變化，也會影響氣場中其他能量的變化。我們可以改變自身能量與他人能量之間的交流方式，達到影響他人的目的。

身體語言對於他人的影響往往是潛移默化的，人們通常很難察覺身體變化所引起的氣場變化，這樣可以減少對方的防衛，增加操縱他人的可能性。

以自信的站姿提升影響力

經過一段時間的瞭解和交流後，邁克爾決定教給毛豆一些透過身體語言改變自身氣場能量的方法。

「毛豆，你覺得在別人眼中自己有自信嗎？」邁克爾問毛豆。

「應該是很有自信的吧。」毛豆並不是很有自信地回答道。

「那麼，你認為別人是怎麼感受到你有自信或者沒自信的呢？」邁克爾又問。

「這個……這個，我倒沒有想過。」毛豆陷入了沉思中。

在生活中，我們經常會討論自己或者其他人是否自信，卻很少思考這種自信的感覺是如何得來的。其實，一個人自信還是不自信可以透過我們的氣場感受到，當一個人自信時，他的能量比較充足，氣場較為強大；當一個人沒自信時，他的能量就會相對匱乏，氣場較為弱小。當氣場比較強大時，我們就更容易相信他的判斷和感覺，更容易被他的想法和看法所影響。

邁克爾透過對毛豆的氣場觀察得出結論，毛豆並沒有自信，這也可以透過毛豆的站姿看出來。站著的時候，毛豆總是喜歡不自覺地靠在某些地方或者用手支撐在某些物體上。比如在房間裡，毛豆喜歡靠在牆上，或將手放在桌子上支撐自己的身體，這些站姿都是沒自信、氣場不夠強大的表現。

氣場是分佈在身體附近的能量場，身體姿勢的變化在一定程度上會影響氣場的變化。當一個人縮成一團的時候，他的氣場也會縮成一團。像毛豆那樣將身體倚靠在其他物體上，身體就很難支撐起自身氣場，也很難展現出自身的氣場能量，讓他人感受到其自信的魅力。

毛豆將身體靠在牆上時，就會向邁克爾散發著無力的、沒自信的氣場能量。邁克爾對毛豆說：「想要讓他人感受到你的自信，你就要向他人傳遞自信的能量。當你的氣場中充滿自信的能量時，你才可以讓他人相信你，願意與你接觸，與你交流，相信你的話。如果運用得當，你可能還會收穫一、兩個粉絲。」

毛豆仍舊低頭不語，很顯然還在想剛才的問題。

邁克爾說：「現在，抬起你的頭。高昂的頭是展現自信的前提，你想一想，如果一個人連自己的頭都支撐不起來，那麼又如何能夠展現出自己的氣場能量呢。」

邁克爾的話像是一記當頭棒喝，毛豆抬起頭，他的氣場能量馬上就有了一些改變，原本向下的無力的氣場開始變得自信，至少自信了一點點兒。

自信的站姿可以讓一個人的氣場充滿能量。對於很多人來說，從根本上改變自己的沒自信是很困難的，但透過良好的站姿，任何人都可以讓他人感受到自己的自信。

根據個人特點的差異，自信站姿有很多種不同的形式，但對於大多數人來說，自信站姿的基本姿勢是挺胸、抬頭、兩腿直立，稍稍分開，雙手自然地放在身體兩側。這樣的站姿可以讓正面氣場完全展開，向他人展現自身氣場最強大的一面，進而使他人感受到我們的氣場，相信我們。

在邁克爾的訓練下，毛豆終於掌握了自信的站姿，他從內向外輻射出的自信，所有人都能感覺得到。他的生活也發生了一些變化，過去一向輕視毛豆的古莉莉在得到毛豆的幫助時也會認真地說「謝謝」了。

毛豆自己也感覺到似乎有一種能量在改變著自身、改變著他人對自己的看法。

【毛豆筆記】

身體與氣場的影響是相互的：強大的氣場能量讓我們擁有自信的站姿，我們也同樣可以透過訓練讓自己擁有自信的站姿，以達到增強氣場能量的目的。

在他人感受到我們的自信時，我們的氣場就已經在影響他們的氣場了。

反重力動作，改善低落情緒

人與人之間的氣場能量每時每刻都在進行著能量的交換，這也就意味著我們每時每刻都會受到他人的影響。當他人的正面能量傳遞到我們的氣場中時，我們就會由於正面能量的增多而感受到快樂和開心；而當他人的負面能量傳遞到我們的氣場中時，我們就會因為負面能量的增多而感受到不快和傷心。

生活中，多接觸擁有較多正面能量的人，可以讓我們自己也擁有更好的心情。由於受到邁克爾的影響，毛豆的心情一直都很好。不過，他過去的同學薩銳的近況卻不是很好，薩銳的工作不是很順心，情緒很低落。

薩銳來找毛豆時，毛豆正在做運動，他的運動方式很奇特，並非跑步、球類運動等，而是一種反重力運動，這項運動是邁克爾參考網上流行的「浮游少女」改編的。反重力運動並沒有什麼特別的規則，只需要全身向上用力但同時要儘量避免過多的身體變化。也就是說，毛豆需要試圖脫離重力的束縛，讓自己的身體向上，但又不能讓身體真的跳起來。

看著運動中的毛豆，薩銳覺得很奇怪。雖然如此，薩銳卻依然能夠感覺到從毛豆身上散發出來的向上的、突破自我的力量。在薩銳的眼中，毛豆已經從以前那個只喜歡躲在角落的膽小鬼變成一個擁有非凡自信的人了。

兩個人聊了很久，薩銳心中這種向上的力量越來越強烈。不知不覺間，薩銳已經被毛豆的那種積極向上的氣場所改變，接受了大量正面能量的他似乎開始走出低落情緒的陰霾，儘管毛豆對此一無所知。

很多人情緒高漲的時候，可能都會想跳起來，這時，他們的能量就是向上的。當正面能量增多時，能量也就不斷向上，樂觀的情緒可以製造出很多的正面能量，促使我們做出跳起來的動作；而當我們做出跳起來的動作時，也同樣會製造出很多的正面能量，促使我們樂觀起來，這是一個相互的過程。

而反重力的動作雖然沒有跳起來，但身體已經有了向上的、脫離重力束縛的趨勢，這種向上的感覺同樣會製造出很多的正面能量。在生活中，我們也可以像毛豆那樣，在需要幫助他人走出低落情緒的時候做一些反重力的動作。

邁克爾給毛豆編制的反重力運動主要有以下兩種方法，可供參考：

1、雙腳向下踏地，運用雙腳踏地的作用力讓身體保持向上運動的趨勢。雙腳需用力，這樣才能最大化向上的驅動力，但此時儘量不要讓身體做出實質的向上運動。如果有支撐物，也可以運用雙手或者雙臂向下支撐。

2、保持全身基本不動，全身一起向上用力。在這個過程中需要注意身體的統一和協調，這種方式實質上是精神的向上運動。

反重力動作可以製造很多的向上的正面能量，不僅可以幫助我們擁有更加健康自信的氣場，也可以透過氣場能量交換，幫助我們的朋友走出低落情緒。

【毛豆筆記】

正面能量是促使人們走出低落情緒的積極向上的能量。反重力運動以及樂觀情緒會　明我們製造很多正面能量，同時也可以影響他人。

在做反重力運動時，保持積極心態會起到事半功倍的效果。

隱藏部分身體，誘導他人暢所欲言

與樂樂相處總會讓毛豆覺得很幸福，這不僅是因為樂樂的性格比較好，還因為樂樂的氣場並不強大，讓毛豆這個生活在邁克爾、李恩威等氣場強大者周圍的人感到很舒服。

可是在樂樂心裡，毛豆則是一個氣場很強大的人，這種強大的氣場甚至讓樂樂無法應付。樂樂總是覺得無論自己說什麼，毛豆都會有另一番說辭，這使得樂樂總是不知道該說什麼才好，漸漸的，樂樂開始不說話了。

毛豆也在為這件事情苦惱，他每次都說很多話想引起樂樂的興趣，卻似乎只是讓事情變得越來越糟。不得已，毛豆又來請教邁克爾了。

找到邁克爾的時候，邁克爾正蹲在地上和一個外國小朋友聊天。而當邁克爾起身的一剎那，毛豆忽然感覺邁克爾的氣場變得強大很多。

毛豆把心中的苦惱跟邁克爾傾訴一通後，邁克爾問他感覺自己蹲在地上時氣場如何。

毛豆有些自得地說：「感覺那氣場還不如我呢。」

邁克爾又問：「那你想一想，小孩子是喜歡和站著的大人聊天還是喜歡和蹲在地上的大人聊天？」

毛豆想了想，回答說：「應該是蹲在地上的大人吧。」

「對。小孩子的氣場很弱小，當你展現出強大的氣場時，小孩子就會逃避。而當你減弱一定的氣場後，小孩子會願意親近你，更喜歡和你交流。你和樂樂之間的問題也在於此。」

毛豆若有所思地點了點頭。

強大的氣場並非在所有情況下都有好處，當你面對氣場弱於自己的人時，氣場的強大反而會阻礙對方發表內心的觀點。這時，你就應該採用一些方法減弱自身的氣場而不是增強。

試想一下，對方的氣場本來就比較弱，很難將氣場能量散發出來，在這種情況下，你的氣場越強大，就越難以讓對方的氣場進入我們的氣場，甚至會使對方在我們強大氣場的壓迫下變得更加弱小，所以對方便覺得沒有什麼說話的欲望及必要了。

減弱自身氣場有很多方式，比如讓自己的情緒變得消極。情緒消極，負面能量就會增多，為對抗負面能量，正面能量會有一定消耗，自身氣場因而減弱。但負面能量的增多會對我們自身造成不好的影響，因此，更好的方法是直接減少我們自身氣場能量的釋放。

身體是氣場能量的承載者，當你將展現在他人面前的身體部位縮小時，我們展現給對方的氣場能量就會減弱很多。邁克爾就是利用這個方法跟小孩子平等交流的。蹲在地上時，邁克爾的氣場隨著身體外露面積的縮小而縮小，氣場能量也就會減弱很多。

蹲在地上通常用於應對小孩子，當面對成年人時，我們可以選擇將雙手背過去，或者將一隻腳放在另一隻腳之後，或者坐在桌子後面等多種方法隱藏自己的身體。而隱藏部分的大小則應該由彼此的氣場對比決定。

又一次與樂樂見面時，毛豆按照邁克爾所教的方法將自己的雙手放在背後，隨著兩個人的交談，樂樂的話果然逐漸多了起來。

【毛豆筆記】

雙方氣場的均衡是兩個人平等交流的前提，當兩個人氣場不均衡時，氣場強大的一方就會掌握主導權，而氣場弱小的一方則無法散發自身的氣場能量，無法將自己心中的話說出來。隱藏自己的身體可以起到減弱自身氣場，讓他人暢所欲言的作用。

在運用這種方法的過程中，我們還應該注重雙方氣場實力之間的對比。

侵入對方空間迫使其屈服

毛豆發現了一個很有意思的現象：無論在哪裡，只要與他人的距離超出某個範圍，他和對方就都會向反方向移動。毛豆在想，這可能是和人的氣場有關係，當兩個人氣場的接觸超過一定範圍以後，雙方的氣場就會相互排斥，進而遠離。

毛豆將自己的想法告訴邁克爾，邁克爾稱讚了毛豆的想法，也指出了毛豆的錯誤：「你和對方向相反方向運動並不是因為相互排斥，而是每個人的氣場都想要保護自己。當氣場覺得彼此之間的距離可能導致危險時，氣場就會促使人遠離對方。而且，每個人的氣場保護自己的範圍不同。」

毛豆想了想，又問：「這種範圍有什麼不同？」

邁克爾說：「當一個人的氣場強時，他的氣場分佈的範圍就較大，也就更容易感受到其他人氣場對自己的威脅。所以，你會發現你們老闆會有更大的空間來辦公。較大的空間就是為了適應較大氣場存在的。」

毛豆想起了李恩威的辦公室，的確是比自己的「一畝三分地」大上很多。

毛豆想想又問：「那要是侵入對方氣場，對方又無法擴大距離時，會怎麼樣呢？」邁克爾把話題岔開了，沒有直接回答這個問題，不過，毛豆很快就自己看到了結果。

第二天，公司召開例會，例會是李恩威和另一部門主管傑克的戰場。兩人總是在例會上為各自部門的利益辯論得不可開交。今天，傑克又再次發難，想要爭取一種新產品的銷售權。

傑克和李恩威都走到了會議室的中央，都在述說這種產品對於自己部門的重要性。兩人爭執不下，李恩威邊說著邊向傑克邁進一步。在眾目睽睽之下，傑克當然不能後退，但傑克將自己的雙臂抱在胸前。（後來在邁克爾的說明下，毛豆才知道這是保護自身空間的方法。）李恩威並沒有理睬傑克的動作，又向傑克走近。兩個人就這樣僵持著，一直辯論，不過任何人都看得出來，傑克已經不是李恩威的對手了，不一會兒，傑克「投降」了。這是毛豆第一次真正見識到李恩威銷售的成名絕技——「壓迫式推銷」，就是讓自己侵入到對方的空間之內，當對方無路可退時，就只能乖乖屈服了。

李恩威這種方法的實質就是讓自己的氣場能量侵入對方的氣場，迫使對方的氣場收縮，依靠氣場上的優勢達到自己的目的。我們的氣場外部一般防禦性較強，內部防禦性則較弱。侵入他人氣場內部就可以從內部瓦解對方的氣場能量，失去了氣場能量的支持以後，無論是意志還是信念都會受到較大影響。

除了李恩威這種直接用全部身體侵入對方空間的方式外，我們還可以利用自己的部分身體進行侵入。比如說雙手，在辯論或者爭執時，我們會看到人們運用手勢來幫助自己表達觀點，這種手勢的應用實際上就是運用雙手侵入他人氣場的行為。此外，我們還可以運用一些物品侵入對方的氣場空間。

【毛豆筆記】

當我們直接侵入對方的空間、對方的氣場時，就更容易讓對方聽從我們的建議。無論是全部身體或者只是我們的雙手，都會達到不錯的效果。

我們還可以透過擴大空間距離提升對方舒適感。

柔和目光的驚人力量

孔子曾說：「觀其眸子，人焉瘦哉！」意思是說，想要觀察一個人，就要從觀察他的眼睛開始，眼睛會將人的真實想法和內在情緒表露出來。實際上，眼睛在交流中的功能並不僅僅是這些。

眼神的變化對氣場有很大的影響，比如犀利的眼神會將氣場的注意力集中在一點，被這種眼神注視、被這種氣場能量注視的人一般都會感到不自在。眼神的強弱會影響氣場能量的強弱，因為眼神的運用是一種集中自身注意力的行為，這種行為會讓我們的心靈產生更多的氣場能量。如果一個人的目光總是逃避其他人，不敢與對方的氣場能量相碰撞，那就是示弱的表現，這時逃避目光的一方往往會在對抗中落入下風。令毛豆頗為不解的是，邁克爾似乎很少運用這種目光的能量，毛豆試探性地問了問邁克爾目光對於氣場的影響。

邁克爾回答：「目光的強大可以增強氣場能量，提升一個人的氣場操縱力。」

毛豆又問：「那你為什麼不用強大的目光注視我呢？」

邁克爾笑了笑：「我不想操縱你啊，或者說我在以另外一種方式操縱你。」

「另外一種方式？」毛豆對此感到很驚奇。

「如果你仔細觀察，你就會發現我的目光很柔和。」邁克爾頓了一下，「這種柔和的目光會讓我們的氣場接觸更融洽。」

毛豆仔細想了想，發現事實的確像邁克爾說的那樣，邁克爾一直用柔和的目注視注自己，和自己的氣場接觸也很融洽。於是，自己總是會將心裡的一些想法、難題講給邁克爾聽，甚至包括一些自己本來沒有打算跟別人說的事情。

犀利的目光的確可以增強自身的氣場能量，能以強大的氣場能量戰勝對方，但正如南風與北風的寓言一樣，柔和有時比犀利的效果更好。

南風和北風爭論誰更強大，北風說：「我們來比試比試吧。看見那個穿大衣的老先生了嗎？誰讓他更快地脫下大衣，誰就更強大。我先來。」於是，北風朝著那老人呼呼地吹起來。

風越吹越大，最後大得像一場颶風，可老人隨著風的變大，反而把大衣裹得更緊了。北風放棄了，它漸漸停下來，氣餒地看著南風。這時，南風用溫暖的微笑看著老人，暖風輕輕吹過，不久，老人就覺得熱了，很快脫掉了大衣。

柔和目光產生的氣場能量就像是南風，讓他人感覺到很舒服，讓氣場接觸很融洽，這時，他人更容易向我們敞開內心；犀利目光產生的氣場能量就像是北風，讓他人感覺到很痛苦，他人的氣場就會出於保護自己的考慮加強警惕，將自己裹得越來越緊，不讓他人接近自己的內心。

想要打開一把鎖，只有接觸到鎖芯才能真正起到作用。柔和目光能夠讓自身氣場與他人氣場更融洽地接觸，讓我們的氣場能量能夠接近他人的內心。在這之後無論是你想用錘子砸碎對方的「芯」，還是想用鑰匙揭開對方的「芯」，都會容易得多。

【毛豆筆記】

目光可以增強我們的氣場操縱力，增強對他人的影響，柔和的目光則可以讓對方感到更舒適，更願意向我們敞開自己的內心。

選擇光線較好的環境更利於發揮目光的作用。

透過模仿增進雙方氣場契合度

生活中，模仿無處不在，嬰兒牙牙學語是一種模仿，「山寨」也是一種模仿。模仿實際上就是向他人學習的過程，無論我們的行為還是心理都會隨著模仿的進行發生一些改變。可以說，模仿是一條學習的捷徑，它可以讓我們在較短的時間內學會更多的東西。在身體語言的運用上，模仿行為也有著非常重要的地位。當一個人模仿他人的動作時，他會隨著身體的趨同而促使雙方氣場的趨同，這時，雙方就會產生相同的氣場能量或者相似的氣場能量。在這種情況下，氣場交流的摩擦減少，氣場的契合程度升高。

另一方面，模仿他人動作是對他人的一種支持。有這樣一個故事：尼克到朋友家赴宴，由於不瞭解宴會習慣，尼克把漱口的水當做喝的水喝了下去。這時，其他人看到尼克的行為都笑出聲來，尼克雖然不知道發生了什麼，但也感覺到自己的處境很尷尬。但宴會的主人卻沒有笑，端過面前的漱口水喝了下去，賓客的笑聲停止了，尼克的尷尬也消失得無影無蹤了。其實，並不是尷尬的境地才需要模仿他人，在日常生活中，模仿他人的動作更容易讓他人的氣場感受到你的支持，進而增進雙方的氣場契合。

毛豆聽了邁克爾關於模仿的一番說明後感到很受啟發，想要在銷售產品的時候運用模仿的技巧，但他還是不知道該怎麼具體操作。

邁克爾似乎聽到了毛豆內心的想法，接著說：「模仿他人動作其實很簡單，對方邁出左腳時，你也邁出左腳，這就是一種模仿。和其他身體語言的影響一樣，模仿他人動作增進氣場契合度也是在潛移默化的過程中完成的。只要從一些小地方著手，多加運用就可以起到作用，如果盲目追求顯著的成效則只能適得其反。」

毛豆又問：「還有沒有其他需要注意的呢？」

邁克爾說：「你必須記住，要時刻注意自身的氣場變化。模仿他人動作只是增強雙方氣場契合度的一種手段，並不是說對方的所有動作都需要模仿。一些會產生負面氣場能量的行為你需要仔細斟酌，比如客戶給你菸的時候，你要根據自己的性格、自己的氣場選擇抽還是不抽。一味地全盤模仿他人雖然會增進你和對方的氣場契合度，卻有可能喪失自己的氣場。不是有個『邯鄲學步』的故事嗎，模仿他人而喪失自己是得不償失的。」

毛豆把邁克爾的觀點仔細地記在自己的本子上，準備應用在自己工作中。這樣的機會很快來了，在拜訪客戶的過程中，毛豆模仿了對方的一些微小動作。例如模仿對方的坐姿，和對方一樣將雙腿微微分開，將雙手放在大腿上，等等。在交談中，毛豆也儘量運用客戶使用過的詞彙。兩個人的交談進行得很順利，客戶對於毛豆的表現非常滿意，雙方很快就達成了下一次見面的約定。

不久後，毛豆成功地拿下了這筆生意，這位客戶後來也成了毛豆的忠實客戶。

【毛豆筆記】

模仿分為有意識模仿和無意識模仿兩種。無意識模仿是由於雙方氣場契合度增強而形成的動作趨同；有意識模仿則正好相反，透過模仿對方動作暗示對方雙方氣場的契合度很高，藉以真正提高氣場的契合度。

從小處出發，注意潛移默化的影響，而過度模仿則容易引起對方的警覺或者反感。

指尖移動的奇妙牽引力

在老貝眼裡，毛豆是一個很不錯的人，即使是自己被調到油水相對較少的內刊部門，毛豆也依舊沒有忘記到自己家裡探望自己。

簡單寒暄過後，老貝又開始詢問二部的行銷情況。毛豆說在李恩威的帶領下業績有所好轉，自己的業績也還不錯。

老貝耐心地聽著毛豆的講述，覺得他還是很有潛力的，而自己以後的工作可能與銷售不會有什麼關係，於是，老貝決定將自己的絕技傳授給毛豆。他拿出兩支不同的鋼筆，用其中一支筆在紙上寫了幾筆，然後將紙翻了過去，對毛豆說：「這裡有兩支筆，左邊的這支筆A，右邊的這支筆B，請立刻選出更喜歡的筆。」

老貝話音剛落，毛豆就說出了自己的選擇：「A」。

老貝笑著翻開桌上的紙，只見上面寫著「A」。

毛豆不禁感到很奇怪，難道老貝有未卜先知的能力，忙問老貝究竟是怎麼回事兒。老貝告訴毛豆，在他跟毛豆說話的過程中，用自己的左手手指指著A筆，右手手指指著B筆。當自己讓毛豆立刻做出選擇的時候，老貝用自己的左手手指指向A筆。這種方法老貝在和客戶談判中用了幾百次，每次都是將手指指向自己希望對方選擇的方案，成功率一般在八成以上。

毛豆詢問老貝原因，可老貝只是自己偶然發現之後總結出來的，至於什麼原因他也弄不清楚。

老貝的這個做法是用自己指尖的移動帶動了他人氣場的變化，當老貝將自己的手指指向A筆和B筆的時候，毛豆的關注點就隨著老貝的手指移動了，氣場能量也隨著老貝的手指移動。等到老貝讓毛豆立刻選擇時，毛豆的能量依舊關注著老貝的手指。這時，老貝的手指指向A筆，毛豆的關注點自然也在A筆上。在無法進行充分思考的情況下，毛豆自然會選擇自己目前最關注的那一支筆，也就是A筆。氣場會隨著我們身體的變化而變化，同樣也會隨著我們關注點的變化而變化。手指可以很好地充當引導關注點的角色，牽引我們的注意力，進而牽引我們的氣場。

在運用這種方法時，有兩點需要注意：第一，指尖能夠很好地牽引對方氣場，這是因為手指的體積很小。因此，我們也可以利用諸如指揮棒等物體代替，但絕不能選用體積較大的物體。假如老貝是運用整個手臂去指示A筆和B筆，就很難將毛豆的關注點牢牢地吸引到A筆上。第二，你要迅速讓對方做出決定。如果給了對方思考的時間，對方就有可能因此使氣場能量關注點發生變化。

指尖的移動可以引起氣場的變化，究其根本是因為相對於身體和思考的靈活性來說，氣場的變化較為緩慢。利用好氣場變化緩慢的特點，找到合適的時機，我們就能夠將氣場操縱力發揮到最強。

【毛豆筆記】

指尖可以牽引他人氣場能量進而操縱對手的關鍵在於，讓對手的關注點凝結在自己的指尖上。所以，我們一定要注意時機的選擇，防止對方注意力的分散，讓指尖的影響力發揮到最大。

在運用指尖影響力時，我們還要讓對方氣場適當放鬆，過於緊繃的氣場很難時刻都關注我們的指尖。

useful point

第五章

運用攻心術柔殺一切對手

人生是一個永不停息的博弈過程，而氣場對決則是這個過程中最精彩的一部分，也是最關鍵的一部分。不過，在氣場對決中，獲勝的不一定是氣場能量最強的一方，而是最善於使用攻心術的一方。這種神奇的柔殺術就像開啟一切博弈之鎖的金鑰匙，可以讓你輕鬆成為操縱高手，以及人際交往的大贏家。

不怒自威，震懾對手

在邁克爾的工作室中，毛豆感到很無聊，隨手翻開了書架上的書，讀起了《孫子兵法》。「是故百戰百勝，非善之善者也；不戰而屈人之兵，善之善者也。」這句話的意思是百戰百勝並不是最好的，能夠在不與對方交手的情況下讓對方退卻，才是真正最好的方法。

毛豆認真品味這句話好久，問邁克爾：「在氣場對決中，有沒有不戰而屈人之兵的情況呢？」邁克爾正忙著自己的事情，聽了毛豆的問題，只是點了點頭。

誰知毛豆卻不打算結束對話，又問：「那怎樣才能做到不戰而屈人之兵呢？」

邁克爾這才放下自己的工作，認真地為毛豆解答：「在氣場對決中，雙方氣場都會率先估計對方的氣場能量，如果對方的氣場能量強於自己太多，自己就會自動退出，雙方的對決就不會發生。而你所要做的就是讓對方感受到你擁有強大的氣場能量。」

毛豆想到自己並不具有強大的氣場能量，那該怎麼辦呢。這時，只聽邁克爾說道：「是讓對方感受到你有強大的氣場能量，而不一定是你真的有這麼強大的氣場能量。」沒錯，想要不戰而屈人之兵，最重要的不在於你自身氣場能量是否足夠強大，而是讓對方覺得你的氣場很強。說得直白些，就是你要懂得如何去震懾對手，讓對方自動退出。這就像在打撲克牌時，我們不想讓對方出大牌並不一定需要自己手裡有更大的牌，只要讓對方認為我們手裡有更大的牌就可以了。這就要求我們在氣場對決之前，向對方暗示自己有更強的氣場，讓對方不戰而逃。我們要在雙方真正對決之前把自己調整到戰鬥狀態，給對方製造一個自己隨時會出強手的假像。這其中的奧祕，就如那句家喻戶曉的成語所言——不怒自威。

至於將自己調整到戰鬥狀態，我們需要做好以下幾個步驟：

首先，我們要讓自己的身體做好準備。身體能量是氣場中最容易改變的能量。當我們的身體呈現攻擊性的姿勢時，我們的身體能量也會帶動氣場中其他能量具有一定的攻擊性。

其次，我們要讓自己的內心做好準備。這並不是要讓內心準備好攻擊他人，而是讓內心不被對方看透。當我們的身體呈現攻擊性姿勢時，對方氣場就會感受到我們的變化。而我們的內心要向對方展現的能量則不只如此，還要讓對方摸不著頭腦，以至於無法判斷我們究竟有多強的能量。

最後，運用語言壓迫對手，讓對手屈服。當我們做好前兩步後，對方感受到了我們的威脅，而且無法預測我們究竟有多麼強大。這時，運用語言去壓迫對手，在小範圍的氣場對抗中容易取得優勢，最終迫使對方退出氣場對決。

做到這三個步驟，你就可以做到不怒自威，進而有效地向對手施加壓力。當對手無法承受這種壓力時，他自然會向後退卻。不過，使用這種方法的關鍵是不讓對方知道我們的底細，否則任何震懾都會失效。

【毛豆筆記】

不怒自威，震懾對手這種方法的實質就是先讓對方覺得我們具有強大的能量，然後使其以為我們的能量還可以更加強大，最後再透過語言暗示讓對方承受相當的壓力。

我們要把握語言暗示的限度，過度壓迫可能會激怒對方。

「得寸進尺」地侵入對方氣場

流浪漢手裡拿著一塊石頭，敲開了一戶富人的門，請求富人借鍋給他用一下，因為他想煮「石頭湯」喝。富人從未聽說過石頭湯，很想見識一下，於是，在富人家的灶臺上，流浪漢開始煮石頭湯。

當鍋裡的水燒開以後，流浪漢又請求富人再給他一點點鹽。這樣簡單的請求，富人無法拒絕。之後，流浪漢舀了點湯嘗了一下，似乎很滿意，但又有些美中不足。然後，他又請求富人給這個湯加「少許」胡椒粉，因為這可以改善湯的味道。

最後，流浪漢再一次請求富人給這個湯加一點「微不足道」的肉末，「這會使神奇的石頭湯的味道更加鮮美」。湯煮好了，流浪漢把鍋裡的石頭撈出來丟到一旁，邀請富人和他一起享用鍋裡的肉湯。

毛豆讀到這個故事時，覺得流浪漢非常聰明。流浪漢利用了一個非常好的技巧，透過誘導富人的好奇心來讓他為自己的石頭湯埋單。毛豆與邁克爾交流自己的想法，卻發現邁克爾的想法與自己有很大不同。

邁克爾說：「流浪漢所用方法的關鍵並不是利用了富人的好奇心，石頭湯只是一個很好的引子，之後流浪漢一步步地增加要求才是關鍵。」

毛豆反駁道：「流浪漢會有後來的要求實際上也應該是一步步地引起富人的好奇心。」

邁克爾答道：「流浪漢開始煮石頭湯時，富人的好奇心在於如何煮出石頭湯上。而後面的加鹽、加胡椒、加肉末等只是流浪漢想要『味道更佳鮮美』，而這與富人的好奇心並沒有什麼關係。」

毛豆想了想，點了點頭，說：「或許你說得對吧，可是，算了……」毛豆將自己的注意力轉移到了下一個故事中。

其實，邁克爾想說的是，流浪漢所利用的是「得寸進尺」的方法。流浪漢先讓富人答應自己煮石頭湯的要求，再一步步地提出其他要求。而富人會一一滿足的原因是我們的氣場外部的防禦性較強，而內部的防禦性較弱。在我們第一次見到陌生人時，氣場的防禦性最強，而隨著氣場交流的不斷深入，氣場的防禦性就會逐漸降低。富人在答應了流浪漢的第一個要求之後，流浪漢的氣場已經侵入了富人氣場的內部，使富人答應自己的下一個要求變得簡單很多。

「得寸進尺」方法的關鍵是其中的「寸」。「寸」的請求一定要微不足道，這樣才能減弱他人自我保護的氣場能量強度。而且這個「寸」一定要和後面的「尺」相關。如果「寸」和「尺」關聯度不大，那麼你就無法很好地將「寸」和「尺」聯繫起來，讓對方答應自己的最終要求了。此外，像煮石頭湯這樣的「寸」往往更容易達到減弱他人氣場能量強度的效用，即利用到他人好奇、自私、貪婪等氣場弱點減弱他人氣場能量的防禦。

從「寸」到「尺」的過程中，除了緊密聯繫以外，我們還可以採用幽默的方法。我們前面提到過，語言越幽默，氣場接觸越融洽。幽默同樣會使你的請求更溫和，更容易讓他人接受。

毛豆接下來看到的這個故事，就是利用幽默達到目的的。

一次，林肯想從村子裡坐車到城裡，但手裡的錢不夠支付車費。他於是攔下一輛馬車，對馬車夫說：「你可不可以幫我把這件大衣帶到城裡去？」

馬車夫點頭同意，然後問林肯：「那我把這件衣服交給誰呢？」

林肯說：「你再交給我就可以了。」

馬車夫又問：「那我在城裡怎麼才能找到你呢？」

林肯回答說：「你不用找我，我打算把自己裹在這件衣服裡進城。」

馬車夫被林肯的話逗樂了，欣然同意載林肯一程。

林肯同樣是採用「得寸進尺」的方法達成了自己的目的，不過，林肯從「寸」到「盡」的過程並非是像流浪漢一樣引起他人的好奇心，而是運用自身的幽默感。幽默會讓我們的能量在侵入對方氣場時更加順暢。

【毛豆筆記】

想要陌生人答應我們的請求，「得寸進尺」是一種很好的方法。先用小的請求突破他人的氣場外部防禦，之後再逐漸過渡到其他請求，最後讓對方答應本來很難答應的請求。

多讀一些他人的成功案例有利於累積更多方法，修練自身的攻心氣場。

故意示弱爭取更多利益

毛豆非常鬱悶地向邁克爾講述今天工作的情況：在拜訪客戶時，客戶不斷提到毛豆公司的對頭H公司的產品比較本土化，更能夠滿足自己公司的需要。

耐心聽著毛豆講述的邁克爾最關心的，是接下來毛豆是如何應對的。

只聽毛豆接著說：「我就和客戶講H公司的產品其實有很多缺點，我們S公司才是這一領域的龍頭。我們的產品比H公司的產品在性能上好很多，價格也只是稍稍高出H公司的產品價格。」

邁克爾又問：「結果呢？」

毛豆頗為無辜地說：「客戶就是不聽我的話，一直強調H公司的產品質優價廉。在被我逐條反駁之後，他又舉出M公司的產品，說M公司的產品是他們公司的最佳選擇。我們就這樣一直爭辯，可是他一直沒有被我說服。」

邁克爾說：「我知道你是想讓自己的氣場強過對方，可是你這樣做只會讓你和客戶之間的氣場對抗更強。這樣下去，除了讓氣場繼續對抗之外，不會有其他結果。」

在與他人交流的過程中，我們也會經常碰到這樣的問題。這種情況的出現實際上很不利於自己與對方氣場的交流，不單單是我們，連卡耐基也曾犯過同樣的錯誤。

卡耐基在倫敦參加一場宴會。宴席中，坐在他右邊的一位先生講了一段幽默故事，並引用了一句話：「謀事在人，成事在天。」這位健談的先生說，他所引用的那句話出自《聖經》。

卡耐基知道出處，為了表現優越感，他立刻反唇相譏：「什麼？出自《聖經》？不可能！絕對不可能！那句話出自莎士比亞的作品。」

卡耐基的好友法蘭克．格孟坐在他的左邊，格孟研究莎士比亞的著作已有多年，於是卡耐基與那位先生都同意向格孟請教。格孟聽了問題之後想了一下，然後說：「戴爾，你錯了，這位先生是對的，這句話出自《聖經》。」

宴會結束之後，卡耐基質問好友，格孟對卡耐基說：「那句話出自《哈姆雷特》第五幕第二場。可是親愛的戴爾，我們為什麼要證明他錯了？那樣會使他喜歡你嗎？為什麼不給他個面子呢？」

卡耐基和毛豆的做法既不能讓對方喜歡自己，也不可能讓自己獲得什麼益處，當然更不會讓他們之間的氣場交流更融洽，他們的辯論只會讓自己的氣場與對方氣場完全對立起來，進而導致一次又一次的爭辯。

毛豆的最佳選擇是「示弱」，讓自己的氣場弱於對方，等到對方的對抗能量散發出去以後，毛豆就有機會與對方在更加和諧的環境下進行氣場交流。就像格孟所做的一樣，避免雙方之間的進一步衝突，「示弱」以博得對方的好感，就可以追求更大的利益。

毛豆接受了邁克爾的建議，在下一次拜訪客戶的時候，他耐心地聽了客戶對H公司和M公司產品的讚美，並且附和客戶的讚美，以及對自己公司的各種批評。客戶將所有對其他公司的讚美講完以後，終於問毛豆：「你們公司的產品到底是怎樣的？」

這時，毛豆開始向客戶介紹自己公司的產品。由於之前的附和讓毛豆掌握了客戶的很多偏好，所以在介紹產品時，毛豆側重說明了與這些偏好相關的產品特點，以方便客戶對產品作比較。而且這時，客戶想要說明的也都說出來了，只是耐心地聽毛豆介紹。

雙方的氣場交流異常融洽，不久之後，毛豆拿下了這筆生意。

【毛豆筆記】

氣場更強並不一定總是能夠取得勝利，有時會激發對手的氣場能量與自己對抗。這時，適當地「示弱」是非常重要的。「示弱」並不是真正的退步，而是為了讓對方具有攻擊性的氣場能量儘量散發出去，最終更好地與對方氣場和諧交流。

退一步只是手段，是為了更大的進步。

用壓倒性優勢削弱對方

「你是喜歡看局勢一邊倒的比賽，還是喜歡看勢均力敵的比賽呢？」

關於這個問題，毛豆是這樣認為的：如果是自己喜歡的球隊，那麼他就喜歡看一邊倒的比賽；如果是自己無所謂的球隊，那麼他就喜歡看勢均力敵的比賽；如果是自己討厭的球隊，那麼他還是喜歡看一邊倒的比賽，只不過討厭的球隊是被一邊倒的一方。

毛豆說：「雙方勢均力敵的比賽固然精彩，比如說NBA每年上演的聖誕大戰。但像凱爾特人奪得NBA總冠軍的那一年，雖然皮爾斯的『王者歸來』以及之後的『絕地反擊』都非常精彩，可是我這凱爾特人迷的脆弱神經傷不起啊。」

氣場交鋒中也存在同樣的道理，和自己無關的交鋒任他昏天黑地，越勢均力敵越會火花四射，就像每次公司例會上李恩威和傑克的激情碰撞。但如果是毛豆自己，他還是希望能以氣場上壓倒性的優勢征服客戶。

可是，當毛豆問如何才能讓自己擁有更強大的氣場能量，以壓倒性地優勢征服客戶時，邁克爾卻說：「想要擁有比對方更強大的氣場是非常困難的，尤其是當你並不瞭解對方的氣場時。贏得氣場交鋒勝利，你需要會攻心，運用一定技巧而不是單純依靠氣場能量去戰勝對手。」

不等毛豆反駁，邁克爾繼續解釋：「製造壓倒性優勢也需要運用技巧。」

一般來說，壓倒性的優勢有兩種，一種是自己很強，還有一種是對方很弱。

加強自身氣場能量的確會讓自身氣場變得更加強大，但很難保證你永遠比對方氣場能量更強。而且這種強大可能反而會讓對方感到反感或者激發對方氣場能量的爆發。

另一種方式則相對容易很多，每個人都不可能一直保持強大的氣場能量，氣場能量的強弱會隨著一個人的身體和心理狀況變化而發生變化。

當一個人疲憊不堪時，他的氣場往往會很弱小，氣場中的防禦性就會減弱。如果你可以抓準時機，找到對方氣場最弱的時機，利用自身強大的氣場，你就可以在短時間內製造壓倒性的優勢。即使時間非常短，你依舊可以憑藉這段時間取得非常大的進展。

毛豆的前上司老貝本身是一個非常懶散的人，他的氣場能量長期處於渙散狀態，但他的長處在於可以很容易地找到他人氣場能量薄弱的時機，並且瞬間以壓倒性的氣場優勢獲得勝利。

一次，老貝遇到一個非常難纏的客戶，雙方談了兩個小時以後，仍然沒有任何進展。之後的幾次談判中依然如此，客戶的氣場能量似乎始終非常強大，老貝一直處於下風，如果不是老貝一定要完成這個目標，恐怕老貝早就已經放棄了。

一段時間以後，老貝終於找到了機會。

這個客戶的公司出現了一些問題，需要他去處理。在這個客戶將一切問題都處理好，鬆了一口氣準備下班的時候，老貝帶著一份完整的協議書出現在了客戶的面前。

在接下來的一個小時裡，老貝以罕見的強大氣場征服了氣場有些混亂的客戶，成功地拿下了這單生意。

【毛豆筆記】

壓倒性的氣場優勢不一定需要你把自己的氣場訓練得非常強大，只要善於尋找對方氣場能量最為弱小的時機，我們同樣可以創造具有壓倒性優勢的時機。另外，我們平時還要多加注意氣場能量的訓練，以便隨時能將自身氣場能量調整到最強的狀態。

即使是在佔據優勢時，我們也要耐心思考，尋求更好的解決辦法。

重複同一理由增強你的被接受度

毛豆想約樂樂看電影，可是不知道找什麼樣的理由約她。於是，在毛豆的內心就幻想出了以下幾種情形：

「樂樂，最近有一部電影很好看。我們一起去看，好不好？」

「我最近工作比較忙，不好意思啊。」毛豆黯然離去。

……

「樂樂，最近工作很忙吧。放鬆一下，我們去看一部電影，好不好？」

「我最近心情不太好，不好意思啊。」毛豆黯然離去。

……

「樂樂，最近心情不太好吧。我們一起去看一部喜劇電影調劑一下，好不好？」

「我最近工作比較忙，不好意思啊。」毛豆黯然離去。

……

無論毛豆找到什麼理由，他總能替樂樂找到辦法把自己回絕掉。看著著急的毛豆，邁克爾關心地說：「如果你們氣場契合，她自然會答應你；如果你們氣場無法契合，她就會回絕你。所謂的理由，不過是一個藉口罷了。」

毛豆很無奈地說：「那如果我偏偏想要約她出來看電影呢？有沒有什麼好的理由可以提高成功率？」

「有，一個藉口就可以的。」

毛豆興奮地問：「有一個藉口就可以！什麼藉口？什麼藉口？」

邁克爾解釋說：「什麼藉口都可以，只要你有一個藉口就行。」

聽到邁克爾的回答，毛豆的興奮化成了失落，歎了口氣說：「原來你在耍我，畫個圈圈詛咒你！」

邁克爾並沒有耍毛豆，事實的確如此。只要你有一個藉口，對方就有可能接受你的請求。

理由只是讓對方答應自己請求的一條途徑，是讓我們的氣場能量能夠與他人的氣場能量進行交流的一座橋梁。沒有了理由的請求像是命令，容易引起雙方氣場的碰撞，理由和藉口則避免了這種情況的發生。也就是說，你的理由實際上是給對方氣場一個接受我們氣場能量的機會。至於這個機會具體是什麼，其實並不重要。當然，如果你希望自己的理由可以一次性完成任務，讓對方直接答應自己的請求，那你就一定要考慮理由的周密性。但，如果這個理由只是一個敲門磚，你的選擇就可以靈活一些了。

對於那些很難接受我們請求的人來說，接下來的一步至關重要。在對方拒絕自己之後，很多人會選擇其他的理由，希望對方出於其他的考慮答應自己的請求。不過，這種希望多半都會破滅。邁克爾對毛豆說的一句話是非常重要的，「如果氣場契合，她自然會答應你」。這句話是說，當對方願意答應你時，即使你的藉口很差，她也一樣會答應你；而如果對方想拒絕你，你無論換多少藉口，最後得到的結果都只會是「No」。

相對於此，另外一種方法就顯得更為有利一些。那就是不斷地用同一個理由去請求對方：將自己的氣場能量和自己的意圖集中於一點，不斷影響對方的氣場能量，讓對方動搖。不斷重複同一個理由，就不會給對方提出其他條件拒絕自己的機會，也不會給對方仔細思考我們意圖的機會。因為對方的氣場能量一直在反抗這個理由，所以很難找到其他強有力的藉口拒絕自己，勝利會屬於更堅持的一方。要相信，對方的氣場能量一定會在你的軟磨硬泡中軟化屈服。

「邁克爾，我最近很倒楣，你幫我想個辦法約樂樂出來吧。」

「這個還是你自己想比較好。」

「邁克爾，我最近很倒楣，你幫我想一個辦法約樂樂出來吧。」

……

「好啦，好啦，我幫你想想。」邁克爾最終無奈地回答道。

【毛豆筆記】

理由只是讓對方接受我們氣場能量以及請求的一個藉口，只要這個藉口不是特別離譜，而且對方不是特別堅定，依靠氣場能量堅持不懈地在同一點上影響對方，任何人最終都會答應我們的請求。

這一方法對於那些特別容易氣場爆發的人不適用，比如古莉莉。

求同存異，避開交鋒

在氣場交鋒時，雙方都會增強自身的氣場能量，這其中有正面能量，也有負面能量。所以，氣場交鋒中的兩個人通常會產生過激的情緒，最後，就有可能導致嚴重的後果。

比如說有毛豆和薩銳兩位先生，毛豆先生的性情非常固執，無論自己是否做錯，他都絕不肯認錯。有一天，他們倆正在閒談，無意中談到砒霜是一種有毒物質，而毛豆先生偏說雖然有毒，但有時吃了還可以滋補身體，這遭到薩銳先生的尖銳批判。

但毛豆先生越是受到薩銳先生的反對，就越是要為自己的主張辯護。他說醫治梅毒的藥品中就含砒霜，不過那是注射到人的血管裡的，人並不會中毒而死。一到冬天，乞丐露宿街頭，無法抵禦寒冷，吃一些砒霜，就不要緊了。而薩銳先生則無論如何都堅持吃了砒霜是要被毒死的。

結果，毛豆先生怒道：「不相信嗎？那我們可以當場試驗，我來吃給你看，我吃了砒霜之後到底會不會死。」結果毛豆先生竟買了砒霜來準備吃給薩銳先生看，薩銳先生到了這時候，深恐毛豆先生真的中毒而死，所以竭力說砒霜有劇毒，勸毛豆先生無論如何不要冒險。

然而，毛豆先生出於自尊，薩銳先生越是勸他不要吃，他越是要吃給薩銳先生看，終於他吃了砒霜，結果他死了。

如果兩個人不是一直關注雙方的不同點，而是在強調砒霜是有毒的前提下進行合理地討論，恐怕就不會出現這樣的結果了。

當然，這只是一個虛構的故事，因為毛豆還活蹦亂跳地活在這個世界上。然而，生活中的確有人會做出類似的只有傻子才會做的事情。在很多時候，盲目地想要成為氣場交鋒的勝利者最終只會讓自身的氣場能量失去控制，與其如此，不如避開氣場交鋒，以免得不償失。

想要避開氣場交鋒，營造和諧的氣場交流環境，最好的方法就是總結雙方的共同看法，擱置雙方氣場強烈交鋒的不同看法，也就是求同存異。

要做到這一點，有三種方法非常不錯：

第一種方法，總結共同點。兩個人的氣場交流中會出現很多氣場相處融洽的地方，同樣也會出現一些引起交鋒的死結。注意時刻總結雙方之間的共同點有助於讓氣場能量關注於那些融洽的方面，避開氣場交鋒的方面。

第二種方法，淺嘗輒止。任何兩個人之間的氣場能量都是不同的，當兩個人瞭解不深時，兩個人的氣場能量的共同點就會相對較多，而雙方的不同點則由於沒有深入接觸而很難形成氣場交鋒。隨著氣場能量交流的不斷深入，雙方氣場能量的差異性、氣場能量之間的對抗則會不斷顯現出來。雙方氣場能量出現交鋒的可能性逐漸增大，氣場能量也更難控制。

第三種方法，限制時間。減少雙方氣場能量接觸的時間，可以有效地避免雙方氣場交鋒的升級。當雙方氣場能量不再接觸之後，氣場能量就會逐漸恢復正常，包容性增強，曾經在氣場交鋒時產生的對抗能量也會很快被化解掉，雙方依舊可以在下次有很好的氣場接觸。

氣場能量的交鋒會對不同的人造成大小不同的影響，但都會讓參與交鋒的個人的氣場處於失控狀態。在生活中，我們應該儘量避免一些無意義的氣場交鋒，否則只會給我們帶來失控的痛苦，沒有任何好處。

【毛豆筆記】

不同的氣場能量在接觸的過程中可能會出現交鋒的情況，一些交鋒是必須存在的，我們必須贏得勝利才能夠保證自己的利益；另一些交鋒則是沒有必要的，我們應避免為這些交鋒付出氣場失控的代價。與他人求同存異，可以避免樹立一些不必要的敵人。

求同存異實質上是讓兩個人和諧相處，避免為自己製造敵人。

化仇敵為朋友的能量博弈

亞伯拉罕．林肯在任時期，曾經有一位議員批評林肯對待政敵的態度，並認為林肯應該消滅而不是善待自己的政敵。林肯卻說：「當我讓政敵成為朋友的時候，我就已經消滅政敵了。」在這個世界上，既沒有永遠的朋友，也同樣沒有永遠的敵人。當我們讓曾經的敵人變成朋友時，就等於消滅了敵人。

變敵人為朋友，也是毛豆對於古莉莉和自己關係的想法。毛豆一直都不知道為什麼古莉莉總是喜歡跟自己作對，而且無論自己如何討好古莉莉，結果都是一樣的，毛豆為此感到很苦惱。

「邁克爾，你有沒有什麼好的辦法？」毛豆求助於邁克爾。

邁克爾覺得古莉莉和毛豆之間的關係很奇怪，他也分析不出毛豆和古莉莉之間的矛盾在哪裡。不過，邁克爾還是有些方法可以幫助毛豆的。

邁克爾說：「以後，遇到一些問題的時候，多向古莉莉請教可能會有所幫助。」

毛豆說：「我過去也是那樣做的，可是起不了效果。」

邁克爾問：「那你過去的那些問題是自己刻意找到的，還是真的遇到問題了呢？」

毛豆說：「當然是刻意想出來的，她完全不吃這一套，好像我在耍她一樣。」

邁克爾笑道：「你本來就是在耍她啊，沒有問題故意找問題，不是就在耍她嗎。」

邁克爾的這種方法來自於林肯，林肯曾經說：「不論人們怎樣仇視我，只要他們肯給我一個略說幾句話的機會，我就可以把他們征服，跟他們化敵為友。」根據歷史的記載，林肯的確成功地做到了這一點，林肯的口才和品格在他化敵為友的過程中起到了很大的作用。

毛豆顯然沒有林肯那樣的口才和品格，他也同樣沒有林肯那樣收放自如的氣場，他需要一種更適合於他自己的辦法，邁克爾提出的方法就很適合毛豆。毛豆和古莉莉的氣場長期處於對立的狀態，這種情況導致了雙方之間的氣場能量在接觸時都會散發出負面能量，造成雙方敵對進一步升級。

毛豆和古莉莉之間的鬥爭是氣場上的衝突，這是很普遍的。這種情況最好的解決辦法就是讓雙方能夠達到共贏，需要在雙方的能量博弈中多下一些工夫。首先我們要讓對方不再敵視自己，也就是減少負面能量的產生。負面能量是一種攻擊性很強的能量，來源於過度的自我保護。

毛豆和古莉莉的氣場交鋒是雙方長期對立基礎上的一種保護過度，兩個人的氣場都在假想對方會傷害自己，並且產生負面能量來防禦這種假想的傷害，最終導致主動攻擊。要讓對方的氣場能量感到沒有危險，對方才會盡可能少地產生負面能量。

當毛豆有問題向古莉莉請教的時候，毛豆的氣場能量是偏向於接受對方氣場能量的，負面能量就會減少，雖然古莉莉的氣場能量依舊會攻擊毛豆的氣場，但隨著這類接觸的增多，古莉莉的氣場感受到的危險程度就會逐漸降低。這樣，毛豆就會最終達到化對手為隊友的目的。

值得我們注意的是，在無法很好地操縱自身氣場時，我們一定要以真正的問題向對方請教。這樣才能避免能量的不斷交鋒，讓負面能量在博弈中無法導致嚴重的不良影響。像毛豆那樣刻意地尋找問題，對方的氣場很容易察覺出我們自身氣場能量的不真誠，進而進一步加深對於我們的敵對。

【毛豆筆記】

無論是善意接觸，還是惡意交鋒，都是雙方氣場接觸中的能量博弈，雙贏是最好的結果。想要跳出長期惡意交鋒，我們就需要先改善雙方不斷產生負面能量的情況。切實可行的方法就是先讓自己減少負面能量的產生，友善地對待對方。

保持真誠的態度會讓我們的氣場更易與他人接觸。

useful point

第六章
釋放迷霧誘使他人判斷失誤

當你想要欺騙一個人的時候，你需要捫心自問，是否可以欺騙過對方的氣場。如果你無法欺騙過對方的氣場，那麼你的欺騙就沒有太多的意義可言。要知道，人的氣場能量在產生之後就會形成一定的惰性，也就是説，會堅持以前的資訊以及相應的反應。只有做出一些出人意料的表現，騙過對方的氣場，我們讓謊言才會取得不錯的效果。

由外表入手製造令人陌生的氣場

毛豆在電影放映廳前焦急地看著表，他在等樂樂。經過堅持不懈的努力，毛豆終於約到樂樂和自己一起看電影。他異常珍惜這個機會，以致有些神經兮兮。

忽然，一個人在他的肩膀上拍了一下。毛豆回過頭，原來是樂樂。

與往常的職業裝扮不同，樂樂今天穿著一件白色長裙。樂樂對有些發愣的毛豆說：「你在看什麼啊，我從那邊走過來你都沒有看見我。」樂樂邊說邊指著電影院的入口，接著又說：「你是不是在看其他的美女啊？」

毛豆窘迫地站在那裡，不知道說什麼好。

一邊小心翼翼地看電影，一邊思考自己為什麼沒有看見樂樂，毛豆倍感煎熬，不過他依舊沒有理出什麼頭緒。

第二天，毛豆帶著這個問題請教邁克爾。

毛豆開門見山地問：「邁克爾，您說這是怎麼一回事兒啊？我明明非常相見樂樂的，可是為什麼會對樂樂視而不見呢？」

邁克爾回答說：「其實，問題並不在你，而是在於她。」

毛豆頗感驚訝：「什麼？」

邁克爾又說：「是的，因為她的外部氣場能量發生變化了，所以你的氣場能量在識別她的時候出現了問題。」

毛豆遇到的問題，在生活中我們也經常會遇到。在與他人接觸的過程中，我們的氣場獲取的資訊要比我們真正掌握的資訊多得多。也就是說，有一部分資訊雖然我們的氣場已經掌握，但我們的大腦並不知道。這些資訊會在我們做出一些決定時，以一種突然出現的方式提供一些支援性的意見。

比如說你和朋友一起去買衣服，你會覺察出一些衣服適合朋友，另一些衣服不適合朋友。這雖然是我們的主觀判斷，但卻是依據我們對朋友的瞭解得來的。我們的氣場會為我們收集到大量的資訊，大腦卻無法承擔如此眾多的資訊，於是其中一些資訊就會儲存在我們的氣場中。

這些氣場能量資訊的不斷交流融通，會幫助我們構建關於他人的資訊庫，也就是我們對於他人的直覺。當你對朋友說「我覺得你適合」或者「我覺得你不適合」，實際上就是氣場能量長期會聚資訊的結果。

這種氣場能量會聚出的資訊可能是正確的，也可能是不正確的，但這並不會有太多的影響，因為對於他人的更多的判斷最終是由我們的大腦決定的。然而，這些氣場能量資訊並不是無意義的，他會形成一種慣性認識。

在大街上，我們經常會覺得一個陌生人像我們的朋友，這就是氣場能量的慣性在起作用。當這個陌生人的氣場能量與某位朋友的氣場能量資訊相匹配時，氣場能量就會將兩個人當成一個人。

同樣的道理，當自身氣場識別他人氣場的能量資訊與朋友的氣場能量不同時，我們就很難運用氣場能量識別他人。

毛豆沒有識別出樂樂，就是因為毛豆的眼睛不時地注意自己的手錶，同時精神有些緊張。更重要的一點是樂樂換了衣服，與毛豆所認識的樂樂的氣場能量不同，毛豆就很難透過氣場能量識別出樂樂了。

【毛豆筆記】

我們可以透過改變外部裝扮來改變外部的氣場能量，以此來改變他人對我們的看法。因為他人的氣場能量一旦識別出是陌生人的氣場能量，就想要更加詳細地探查一番了。

眼睛會騙人，氣場能量也會騙人。

突然沉默是最好的進攻利器

在房東眼中，毛豆是一位很不錯的租戶。他按時交房租，從不拖欠，不會抱怨這抱怨那，也不會給房東找麻煩。在路上遇到的時候，毛豆總會主動和房東打招呼。但即使如此，隨著物價上漲，房東還是決定要給毛豆漲房租。

房東見到毛豆以後，先是訴苦，說最近物價漲得太快，自己這個「地主家也沒有餘糧」；然後，又講了一些向市場看齊等一套理論；最後，提出漲十%的房價。

毛豆只是靜靜地聽著房東的話，沒有做出任何表態。既沒有說同意，也沒有說不同意。房東還是很想留住這麼好的一個住戶，於是又說：「那你看漲五%怎麼樣？」

毛豆依舊一言不發，只是看著房東。房東心裡有些害怕，畢竟以毛豆現在支付的房租在別的地方找一處不錯的房子也很容易，自己漲房租是不是會把毛豆嚇走。

房東只好給自己找了個臺階，說：「其實，我想，你都住了這麼久，那麼點兒房租好商量，咱們以後再說吧。」

毛豆說：「好吧。」

等房東走了以後，毛豆回到屋中繼續看《福爾摩斯探案集》，腦袋裡還在想著嫌疑人究竟是怎麼做到的。

在邁克爾看來，毛豆能夠回絕房東的要求是在無意間運用了沉默的戰術。這種戰術的好處，在於我們可以有效地抑制自身氣場能量的活動，讓對方無法瞭解我們的氣場變化，因而無法瞭解我們的真實想法。

這一戰術在生活中實際上較為常見：當你來到一家商店想要購買某件產品時，店家會向你介紹關於這種產品的各種好處，他的看法會隨著你的評價而不斷變化，來匹配你的需求。

當你想要購買某個產品並且希望店主降價時，店主就會一次又一次地與你還價。這時，如果你什麼也不說，店家一般會問：「你的最低價格是多少？」

你提出一個自己覺得較為合適的價格後，店家一般都會在一段比如「你再加一點兒」等的話之後高興地把貨賣給你。

如果你選擇沉默，店主就只得到你想買的資訊，而關於你的心理價位一無所知，他就只能透過一次又一次的降價來爭取你的同意。如果你再輔之以故意離開，那麼你買到的價格一定會比你和店主還價時的價格要低。

當你沉默時，你氣場能量的變化就很難被他人探測到，他人也就很難根據氣場變化來瞭解你的真實想法，無法掌握你的氣場能量，他人就很難在氣場交鋒中取得上風，這樣你至少也會取得一個平局的結果。

人們常說「進攻是最好的防禦」，在氣場交鋒中，「防禦有時就是最好的進攻」。當對方想要在氣場交鋒中獲得勝利時，你只要有效地防禦住對方的進攻，不讓對方在你的氣場中找到弱點，就可以繼續防禦，等到對方筋疲力盡時主動出擊，一舉獲勝。而最有效果也是最容易採取的方式，就是沉默。

需要注意的是，只有當你不是想從氣場交鋒中獲取利益的一方時，你的沉默才會對你贏得氣場交鋒有所幫助。如果你是房東或者店家這樣的身分，那麼氣場進攻始終是首要的選擇，沉默只會讓你失去自己想要的利益。

【毛豆筆記】

氣場交鋒中，沉默是一種很好的進攻武器，但沉默是被動的，而非主動的。也就是說，只有在對方運用氣場能量進攻你時，你的沉默才會起到反擊對方氣場能量的作用。同時，你必須要注意抓住沉默的時機，一個好的時機會讓你事半功倍。

此時無聲勝有聲，適時沉默是擊退他人語言進攻的有效途徑。

用二選一式提問牽制對方

有一位心理學家做過這樣的一個實驗：將一張圖片放在受試者的面前，讓受試者詳細地記錄圖片上的細節。圖片上顯示的是火車站旁一個人搶了另一個人的行李逃跑，火車站時鐘上顯示的時間是下午三點。

當心理學家詢問受試者「發生事件時是幾點鐘」時，多數人回答正確；當心理學家詢問受試者「發生事件時是三點還是四點」時，回答正確的人減少；當心理學家詢問受試者「發生事件時是四點還是五點」時，只有少數人可以跳出心理學家的圈套答出正確的答案。

心理學家的實驗證明，在回答他人的問題時，我們很難跳出他人在提問中提供的因素來回答問題，這與我們的氣場運動方式有一定關係。回答問題的一方氣場能量會弱於提問的一方，而且回答一方的氣場能量還會順著提問一方氣場能量的變化而變化。也就是說，在提問過程中，提問一方的氣場能量已經侵入了回答一方的氣場之中，並且可以在某種程度上操縱回答一方氣場能量的運動，而回答一方很難抗拒提問一方。所以，當我們向對方提出二選一式的問題時，對方大多會在這兩個答案中選擇一個，即使他本身並不認為這兩個答案是正確的。

邁克爾也曾用另外一種方式向毛豆講述過這個道理。

邁克爾對毛豆說：「接下來我將問你幾個問題，你不要思考，一定要第一時間在我提供的兩個選擇答出你更喜歡的一個。」

毛豆雖不知道邁克爾要做什麼，但還是點頭表示願意配合。

「金子還是銀子？」

「金子。」

「法拉利還是保時捷？」

「保時捷。」

「古莉莉還是李恩威？」

「古莉莉。」脫口而出之後的毛豆馬上感覺很詫異，自己居然會更喜歡一直欺負自己的古莉莉。

邁克爾說：「你沒有必要詫異，你選誰都是很正常的。因為無論是『古莉莉』

還是『李恩威』都是錯誤的選項。但你在回答我的提問的時候，氣場能量就會順從我的指揮不去考慮其他選項，這才是我想告訴你的。」

就像前面提到的心理學家的誤導，無論是參與實驗者猜的是四點還是五點，心理學家都達到了自己的目的，成功地限制了參與實驗者的氣場能量運動。

在生活中，我們也聽到過這樣的故事：兩家麵食店開在同一條街上，兩家店無論是裝飾風格、廚師手藝，甚至每天來的客人的多少都差不多，但其中一家店的利潤就是比另一家店要高。原因很簡單，效益好的一家店總是問顧客，「您是要拼盤小菜還是要小碟牛肉？」效益不好的一家只是問顧客：「您還要點什麼嗎？」

在設計提問的過程中需要注意，你並不能確定對方最終會選擇哪個答案，你只能限制對方氣場能量的變化，所以，你需要把對方限制在自己想要的兩個答案之中，這樣無論對方選擇哪一個答案都是你所需要的。

比如，你想找對方借錢，無論是借到一千還是一萬都是你可以接受的結果，那麼你的問題就應該是「你願意借我一千還是一萬」而不應該是「你願意借我錢嗎」。也就是說，在對方運用氣場能量時，只要不衝破我們為其設置的限制，結果都在我們能夠接受的範圍之內，否則就沒有任何意義。

【毛豆筆記】

提出問題時，我們的氣場能量會比較強大，並且可以將對方的能量運動限制在一定範圍之內。不過你一定要注意，如果你所提問的問題會讓對方氣場察覺出風險，那麼他的氣場就有可能爆發性地增強，然後衝破你的限制。

多提幾個問題會增強你對對方的影響，這樣最後一個問題起到的效果會更好一些。

分散氣場力量，隱藏真實意圖

薩銳的突然到訪讓邁克爾覺得很驚訝，讓邁克爾更驚訝的是薩銳居然不是找毛豆而是來找他的。

由於毛豆的變化，薩銳可以感覺到邁克爾的神奇。過去他並不需要他人的指導，但他目前遇到上一件很難解決但又必須解決的事情，他只好來求助邁克爾了。

薩銳將自己的情況簡單地向毛豆和邁克爾介紹了一遍，薩銳所率領的部門研發出一套軟體程式，卻缺少一項由L公司掌握的必要技術的支撐。

L公司向來以「趁火打劫」出名，如果L公司知道了自己缺乏這項技術，肯定會漫天要價的。這就會極大地縮小自己公司的贏利空間，甚至無法贏利。如果是自己研發，那麼公司還需要投入大量的資金和人力，還會阻礙這套軟體搶佔市場。如果放棄，公司不僅前期投入血本無歸，還會喪失一部分市場。

聽了薩銳的介紹，毛豆馬上就看到了問題的嚴重性。無論薩銳怎麼做，他都極有可能因為項目的失敗而受到牽連。在薩銳講述之前，邁克爾就覺察到了薩銳的不安。在思考了片刻之後，邁克爾問道：「除了這項必要的技術，你們公司和L公司還有其他技術交流嗎？」

薩銳答道：「L公司的實力很強大，他們的研究工作非常出色。我們公司和L公司有過一些技術交流，還向他們公司買過一些專利。」

邁克爾又說：「如果你們現在還需要向L公司購買專利技術，就將這項必要的技術放在這些專利中一起購買。」

薩銳和毛豆都不理解邁克爾在說什麼，不過過了一會兒毛豆就想明白了。他對薩銳說：「L公司喜歡『趁火打劫』，但是他們不知道你們需要那項技術，也就不會想到要更高的價格了。將這項技術和其他技術混到一起，L公司也猜不到你們公司究竟是非常想要某項技術，還是只是進行一些必要的技術投資。」

聽了毛豆的話，薩銳恍然大悟。

這種方法的好處在於它可以成功地將自己的需求隱藏起來，這一點在談判桌上相當常見。談判時，雙方會就很多問題展開較量。但雙方真正的目的可能只是在一兩個小的方面獲取一定好處。如果過於側重某一點，談判中一方就很容易被另一方抓住弱點，圍繞著這一點要求在其他方面獲得更多的利益。

不只在談判桌上，在現實生活中這種方法的運用也非常常見。我們經常會見到售貨員和顧客在一些小問題上爭來吵去，顧客說這裡有問題那裡有問題，售貨員說這裡沒問題那裡很不錯，其實質的爭端大多都是在價格。如果顧客直接表露出價格太貴的意思，售貨員多半會圍繞商品為什麼會這麼貴來講商品的優點，顧客就會變得被動。

另外，顧客一般在買東西時很少會直接表露出自己的喜好，因為售貨員可能會因為顧客的喜歡而抬高價格或者採用其他的手段。

我們的想法以及思維變化都會體現在氣場上，當氣場能量侵入對方氣場並表現出明顯的目的性時，對方就很有可能根據我們的氣場變化做出應對。想要避免這種現象發生，我們就要讓氣場能量分散，也就是向前面那樣不要將自身的目標直接顯露出來。當你的氣場能量從多個方向侵入他人氣場能量時，他人多半會被你的氣場能量迷惑住，不清楚在這些目的中哪一個才是你的真正目的。

目的性過強的氣場能量雖然很強，但很容易被對手識破，進而「對症下藥」。分散自身目標，分散氣場能量，雖然不一定會完全蒙蔽對方，對方依舊會根據一些蛛絲馬跡找到你的真正目的，但是在一定程度上能為你搶得先機。

【毛豆筆記】

氣場能量會隨著我們的目的侵入他人的氣場，並且造成相應的影響，但是目標太明確、太急迫，就會使得他人很容易根據我們的氣場能量作出判斷，以此讓我們在其他方面作出讓步。有些時候，如果想要得到自己真正想要的，你就要學會釋放氣場煙幕彈。

分散氣場能量的關鍵是不要讓對方察覺到你的重點，要讓各種要求看起來很均衡。

只強調優點吸引他人做決定

將顧客搞定以後，毛豆決定好好地獎勵一下自己，給自己換一個新手機。然而，等到毛豆很高興地把新手機拿給邁克爾看的時候，他才發現原來這款手機有很多毛病，比如說信號很差，在信號不好的地方基本上什麼也不能做；待機時間很短，昨天剛充過的電今天就又顯示電量不足了，等等。此時毛豆大呼上當，說自己被店員騙了。

邁克爾這時關心的是店員究竟說了什麼，能夠讓毛豆迅速地做出購買的決定。

毛豆說：「當時，店員給我介紹了這款手機是當前最流行的手機，而且採用了非常先進系統，使用也非常方便……」

毛豆邊說，邁克爾邊擺弄毛豆的手機，等到毛豆把這些優點說完了以後，邁克爾才說：「店員並沒有騙你，你看的這款手機的確具有這些功能啊。」

毛豆想了想，說：「可是他沒有將待機時間短這些缺點告訴我啊，他還是在騙我。」

邁克爾說：「他只是沒有將全部的資訊告訴你而已，實際上你也會這樣。你仔細想一想，你在銷售產品的時候，是不是也是主要說明產品的優點，而對產品的缺點略略帶過，或者根本不提。」

聽完邁克爾這一番話，毛豆不說話了。

生活中，店員對待毛豆的銷售方法我們經常會遇見，比如一些商家在銷售的時候，可能會打出口號說自己家的商品比隔壁店的產品便宜很多。等到顧客來到這家店的時候，發現這家店的產品的確比隔壁店便宜很多，但店家並沒有告訴購買者，自己店的商品便宜是因為品質差一些。

在一些廣告中，這種手段更加常見，廣告都是宣傳產品的優點，我們很少或者從來沒有看到哪些廣告宣傳自身產品的缺點的，因為優點才是商品真正的賣點。

這種只強調優點的方法同樣與銷售方的氣場有關，在只強調優點時，銷售方的氣場就會由於自己所說出來的這些優點而變得強大起來。在很多時候，決定銷售結果的原因就是雙方的氣場交鋒。購買方透過找出產品的弱點來弱化銷售方的氣場，而銷售方透過宣傳產品的優點來強化自身氣場。當銷售方自身的強勢氣場能量侵入購買方的氣場時，購買方就很難拒絕銷售方的介紹了。

這種方法每個人都可以使用，但有兩點需要注意：

第一點，只強調優點是正確的，但優點一定要是真實的、確實存在的。人一天會說很多假話，有時我們甚至很難意識到我們所說的是假話，但氣場卻會因我們內心中對於資訊的肯定程度而受到影響。

當你說假話時，你的氣場能量會變弱。同時，對方很有可能覺察出你的假話，一旦對方找到事實證據反駁你，你就很難戰勝對方了。所以說，假話對於氣場來說是一柄雙刃劍。

第二點，能看得見、摸得著的優點比那些大而空的優點更有效。以介紹手機優點的店員為例，說這款手機是目前市面上最好的拍照手機，不如提一提這款手機的畫素。因為最好的拍照手機需要比較，而且這種資訊有可能來自於他人，店員的氣場能量就不會那麼強勢。

【毛豆筆記】

在銷售的過程中，只強調產品的優點有助於增強自身氣場能量，取得氣場交鋒的勝利，還能限制對方氣場能量的流動，讓對方只想到這款產品的好處，而無法思考這款產品的壞處。

在強調優點的過程中，運用協力廠商的說法會對你有所幫助。

反登門檻，降低對方氣場防禦

自從上次不成功的看電影經歷之後，毛豆一直在尋找一個比較好的機會和方法扭轉樂樂對自己的「差評」。邁克爾也沒有什麼好的建議，雖然邁克爾是個道地的「中國通」，在很多方面比毛豆瞭解得還要多，但對於比海底還深的異國女人心，邁克爾也無能為力。過了一段時間之後，毛豆終於想到了一個「大事化小」的方法。他想，如果能夠邀請樂樂再出來一次，那麼事情就有了成功解決的方法。關於如何邀請樂樂，邁克爾一定有些方法。

邁克爾果然不負毛豆所望，對毛豆說：「我們先來做一個實驗，你理解了這個實驗，就理解了這種方法，可以自由運用了。」

毛豆點了點頭，為了挽回漸行漸遠的愛人，他什麼都願意做。

邁克爾忽然一本正經地對毛豆說：「毛豆，最近我的資金出現了問題。我和你關係這麼好，你可不可以借我一些錢幫我周轉一下。」

毛豆雖然一頭霧水，但還是點了點頭，問：「你需要多少？」

邁克爾說：「四千萬吧。」

毛豆差點把今天早上吃的東西都噴出來，問：「你要借四千萬幹什麼？」

邁克爾顯現出非常急迫的樣子，說：「就四千萬美元，而且我們是很好的朋友不是嗎？你一定要幫幫我。」

毛豆說：「四千萬，還美金。你拿我當銀行啊，要是四千塊，我還可以考慮考慮。」

邁克爾又說：「四千塊也是好的，總能解決我的燃眉之急，你借給我吧。」

毛豆極不情願地說：「好吧。我身上只有四百，你先拿去用吧。剩下的錢下午我領了之後再給你。」

邁克爾並沒有拿毛豆遞過來的錢，笑著說：「實驗結束了，你現在需要想一想如果我直接向你借四千塊，你會借給我嗎？」

毛豆想了一想，說：「可能會的吧。」

邁克爾說：「那其他人呢？其他人最後大概只會借給我四百。當你想要對方答應你的要求時，你可以提出一個更大的要求。在這個大要求被拒絕之後，你的小要求便更容易得到對方同意。」

毛豆疑惑地問道：「這個真的有用嗎？」

在大多數人身上，這個都是管用的。心理學家查爾迪尼曾經做過這樣的實驗，他先是請參與實驗的學生陪少年犯一起聊兩個小時，很少有學生答應。當研究人員先請求學生成為少年犯的長期輔導員時，絕大多數學生拒絕了。這時研究人員再請求學生陪少年犯聊兩個小時時，大多數人都答應了。這種方法叫做「反登門檻」，說的是想要提出一個較小的要求之前提出一個較大的要求，當人們拒絕了較大的要求以後接受較小的要求的可能性就會提高。

這與我們每個人的氣場能量變化有關，當他人氣場能量侵入自身氣場能量時，我們往往會選擇保護自己，並且判斷如何應對；但當他人氣場能量侵入自身氣場能量變弱以後，自身氣場能量的防禦性就會減弱，我們就會很容易受到他人氣場能量的影響，最終答應對方的請求。

相信了這種方法可行以後，毛豆準備了周密的計畫。他為此特地來到樂樂的家裡，因為邁克爾曾經提醒過他，當面的氣場能量碰撞更有效果。

樂樂將毛豆請到屋裡，給自己和毛豆拿了一瓶飲料。兩人閒聊了一會兒之後，樂樂就問毛豆有什麼事情。

毛豆突然誠懇地看著樂樂的眼睛，不過樂樂正在喝水，並沒有觀察到毛豆的變化。

毛豆說：「樂樂，妳可以借我四千萬嗎？」

樂樂聽了一驚，還沒吞下的水直接就噴到了毛豆的臉上。

然後，就沒有然後了。

【毛豆筆記】

氣場能量的防禦是有其自身弱點的，面對陌生人時，防禦最強；面對熟人時，防禦會變弱；面對第一次出現的請求，防禦最強；面對之後出現的請求，防禦會變弱；面對同性時，防禦最強；面對異性時，防禦會變弱（因為同性之間有太多的利益爭奪）。

運用「反登門檻」時，我們要具體情況具體分析，依樣畫葫蘆是不能取得同樣的效果的。

不藏私

超實用的

氣場操縱術

useful point

第七章 在不和諧的氣場中化險為夷

漫漫人生路，我們難免會在人際場上遇到各種各樣的困難和危險。而產生這一切的根源，多是人們彼此不和諧的氣場。對此，如何巧妙運用自身的力量，發揮氣場的玄妙作用，進而在羈絆背後找到出路，是一門學問，也是我們在社會中生存的一門必修課。找到方法，路就會變短。有一類氣場操縱術，恰巧能幫助你在風雨變幻的人世中，化險為夷。

如何消除與他人的摩擦

晉升為小主管的毛豆發現自己變了，不僅僅是自己的思維，還有自己的行為。過去，毛豆對老貝尤其是李恩威的許多做法很不理解，但現在看來，老貝和李恩威的做法是非常正常的，他甚至發現自己的行為舉止也變得像李恩威了，這讓毛豆很害怕。

當毛豆將自己的擔心講給邁克爾聽的時候，邁克爾卻覺得很正常。這讓毛豆無法接受，他認為邁克爾把他當成李恩威一樣的人物了。

邁克爾勸毛豆說：「親愛的朋友，我並沒有那麼說。你和李恩威不一樣，只是你現在經歷著過去李恩威經歷過的氣場變化，所以，你們之間的氣場會很像。」沒等毛豆反駁，邁克爾接著說：「你現在是位上司，李恩威也是位上司，你們每天處理的事情、遇到的問題都是類似的，而且應對這些問題的方法也都是很相似的，所以，你們的氣場現在很相似。這並不能讓你們兩個成為一樣的人，只是會讓你們有惺惺相惜之感。」

更多時候，人們都是先入為主地判斷一個人，盲目否定一個人，認為對方的氣場是有問題的。比如，毛豆過去和李恩威之間的摩擦，那時，毛豆只從自己的角度出發，覺得李恩威是在刻意地壓榨自己。現在，他可以從多個方面瞭解為什麼李恩威會這樣，為什麼自己會那樣。隨著瞭解的加深，毛豆就會覺察出李恩威的苦衷。在生活中，如果你會學會換位思考，那麼不一定需要經歷他人的生活，你也可以避免很多和他人的摩擦。

一位外國作家曾經寫過一個類似的故事。這位作家年輕的時候是一名記者，喜歡帶著相機到處去拍那些與眾不同的地方。一次偶然的機會，他來到一處農場，在這個農場中，他看到了最懶惰的人——一個坐在椅子上鋤地的人，這個人正慢吞吞地鋤著眼前一塊非常小的地。作家的心中迅速構思起一篇批判懶惰的稿子，他決定將這個人拍下來，登上報紙，讓所有人都來看看這個懶惰的人。然而，等他走到這個人的另一側時，作家看到了這個人一條空空的褲管，放在椅子旁的拐杖，還有鬢邊的白髮。作家忽然發現自己錯了，他的氣場迅速由敵意轉向了敬意。他已經沒有任何指責這個老人的想法了，於是悄無聲息地離開了，並且將這個教訓寫在了自己的作品中，以圖告訴更多的人。

人與人之間總會因為一些或大或小的問題出現爭論、吵架，甚至大打出手。在這個過程中，我們很難控制自己對他人的敵意，但當你換一個角度來看，你就會發現這件事情並沒有自己想像的那麼差。原來自己和他人的矛盾並沒有想像的那麼尖銳。當你明白這一點的時候，氣場能量中的敵意就會消除一大半，你與對方的氣場之間的摩擦也就不復存在了。

【毛豆筆記】

我們與他人產生氣場摩擦的根本原因是雙方氣場無法融洽地交流，而造成這一切的原因則是我們習慣於從自己的角度、以自己的習慣去評價或者判斷他人。這種看待問題角度的偏差就會造成敵意，製造氣場摩擦。減少摩擦的方法就是要學會換位思考，將心比心。

你不理解他人時，他人就是地獄；當你理解他人時，他人可能會是天堂。

故意削弱自身氣場，免遭他人嫉妒

毛豆的升職給他帶來了很多好處，也給他帶來了不少的問題。他成為部門內部成員議論的話題，這既包括現在他的幾個下屬，也包括部門的其他同事，毛豆很不適應這種生活。過去，他可以和其他同事隨意地談天說地，現在其他同事看見他就恨不得離他遠一點兒。

毛豆心裡很清楚這些人的想法，有一部分人是害怕他向李恩威報告一些情況。雖然有一些人不歸他管轄，但毛豆是部門內部除了李恩威以外唯一的上司，還有另外一部分人是嫉妒他。

毛豆很清楚這種情況，對此感到無能為力。邁克爾寬慰他道：「你們中國人不是常說，不遭人妒是庸才嗎？被他人嫉妒，說明你的能力很強。」

毛豆的確很需要這樣的安慰，可是這樣的安慰沒有任何效果。毛豆回應說：「中國人還有另外一句沒有外傳的話，叫做『常遭人妒是蠢材』。」剛說出口，毛豆就有些後悔，畢竟邁克爾是在勸慰自己。他轉而想到，邁克爾一定會有什麼辦法的。

不出毛豆所料，邁克爾果然有很好的辦法。邁克爾先讓毛豆看了一段影片，影片中有四段錄影。

第一段錄影中接受主持人採訪的是位非常優秀的成功人士，他在自己所從事的領域裡取得了輝煌的成就。在接受主持人採訪時，他非常自然，談吐不俗，表現得很有自信，沒有一點羞澀的感覺，他的精彩表現不時贏得訪談現場觀眾的陣陣掌聲。

第二段錄影中接受主持人訪談的也是個非常優秀的成功人士，不過他在臺上略微顯得有些羞澀。在主持人向他提問時，他表現得非常緊張，還不小心把桌上的咖啡杯碰倒了。

第三段錄影中接受主持人訪談的是個非常普通的人，他不像上面兩位成功人士那樣有著不俗的成績。在整個採訪過程中，他雖然不太緊張，但也沒有什麼吸引人的地方。

第四段錄影中接受主持人訪談的也是個很普通的人，在採訪的過程中，他非常緊張，和第二段錄影中一樣，他也把身邊的咖啡杯弄倒了。

影片放完以後，邁克爾問毛豆更喜歡哪一個人，毛豆說喜歡第二個人。可是當邁克爾詢問原因時，毛豆就不知道了，只是憑感覺作答。

毛豆的感覺是由自身氣場的判斷得來的，毛豆透過對這四個人的觀察，覺察出了這四個人的氣場能量：第一個人的氣場能量是圓滿的、強大的，隨時可能向外爆發的；第二個人的氣場能量是圓滿的、強大的，而且是和諧的；第三個人的氣場能量是中規中矩的；第四個人的氣場能量則是有些混亂的。

在邁克爾的眼中，毛豆的氣場很像第一個人的氣場。毛豆很勤奮，並且最近成功收服了四個下屬，他的氣場在不斷膨脹，隨時都有可能刺激其他人的氣場，這讓他人感覺到不舒服。他人的氣場感覺到了不舒服，進而刺激這些人產生了嫉妒的情緒。如果想要擺脫這種情況，毛豆可以像第二個人那樣，犯一些小的錯誤。這些小的錯誤會淡化毛豆氣場對於他人的影響，因為這些錯誤代表著氣場的混亂，混亂的氣場在侵入他人氣場時，不但不會攻擊他人氣場，還可能修復他人氣場，進而減弱他人的嫉妒。

在生活中，如果他人嫉妒我們或者對我們有抵觸情緒時，我們就可以採用這種方法。只不過，你要確定自己的氣場已經達到第一個人的那種狀態，否則可能會像最後一個人那樣更不受他人喜歡。

【毛豆筆記】

過於積極正面的氣場能量有可能會刺激他人的氣場能量，讓自己陷入他人氣場的敵對中。這時，我們可以選擇犯一些較小的錯誤來釋放自己過強的氣場能量。這種釋放會有效地減少氣場能量過於強大帶來的問題，也不會讓他人氣場感受到不舒服。

小錯誤與出洋相只有一線之隔，把握不好，便會成為笑柄。

選擇益於降低衝突的舒適環境

「你喜歡在哪裡吵架？」

大多數人只會問自己哪裡更容易感到幸福，而不是感到痛苦。你在不同的地方感受到的幸福不會相差太多，但是在不同的地方，你可能就不會吵起來了。所以，你應該問一問自己更喜歡在哪裡吵架。

邁克爾現在讓毛豆思考的就是這個問題，然而，毛豆想了半天，也沒有想出什麼結果。邁克爾只好轉換一下思維，問毛豆不喜歡在哪裡吵架。

毛豆又想了想，說：「家裡，餐廳裡。」

邁克爾問：「為什麼？」

毛豆回答：「如果在家裡吵架，我會怕和對方打起來，然後破壞傢俱；如果在餐廳裡吵架，我害怕他人盯著我們看。」

邁克爾接過毛豆的話說：「這就對了，每個人都有不想吵架的地方。如果你找到了樂樂不喜歡吵架的地方，你就至少可以保證不和樂樂吵起來了。」

毛豆仔細地考慮了一下，得意地笑了，看來他已經想到了樂樂不喜歡吵架的地方。

人們很容易受到環境的影響，在不同的環境中人的表現會很不一樣。在公共場合的表現和在私密場合的表現不一樣，在白天的表現和在晚上的表現不一樣，在優雅舒適的地方的表現和在污水橫流的地方的表現不一樣。

我們的氣場受到環境的影響往往會更大一些，因為氣場時刻不停地與外界進行能量的交換和接觸，這種交流並不僅僅局限於自身氣場和他人氣場之間的交流，也包括自身氣場和環境中的外部能量之間的交流。

外部能量會直接影響我們的氣場能量，並且促使我們的氣場能量發生一定的變化。當你行走在森林中時，會感覺到內心一點一點地寧靜下來，這是森林的能量在影響你的氣場能量，讓氣場能量像森林的能量那樣變得寧靜、和諧。

當你行走在流水邊時，會感覺到內心一點一點地激蕩起來，這是河流的能量在影響你的氣場能量，讓氣場能量像流水的能量那樣流淌變化。氣場能量隨著外界能量變化，而我們的情緒也會受到同樣的影響，這一點在我們面對一些可能和我們發生衝突的人時要特別注意。

兩個人的氣場在接觸過程中，由於放鬆了各自對於能量穩定的控制，更容易受到外部能量的影響。假如你和對方在流水邊，雖然流水可以淨化氣場能量中的敵意，但也會讓你們兩個人的氣場能量更加活躍，增加氣場衝突的可能性。如果你們在幽靜的森林中，森林的能量不但會淨化氣場能量中的敵意，還會讓你們兩個人的氣場能量變得寧靜，增加氣場和諧的可能性。

在喧鬧的都市中尋找到這樣的地方很困難，不過，我們依舊可以利用環境降低與他人發生氣場衝突的可能。在選擇環境時，我們需要注意兩點：

第一，不要選人多的地方。人多的地方，環境中就會充斥著他人的氣場能量，他人的變化同樣會影響到我們的氣場能量。所以，要儘量遠離人多的地方，這樣才能讓環境的能量發揮到最大。

第二，不要選過於偏僻的地方。過於偏僻的地方很容易讓對方氣場能量的防禦性加強，這樣同樣不易於降低兩個人氣場能量中的敵意。

選擇環境時，我們需要挑選那些舒適、安靜、人少、安全的環境，最好再配上些有安神作用的花香，古樸寧靜的音樂。在這樣的環境中，你和對方是很難發生氣場衝突的。

【毛豆筆記】

在與他人接觸的過程中，他人的氣場能量以及環境的外部能量都會對自身氣場能量產生重大的影響。如果你善於選擇與他人氣場融洽的環境，你就能夠更善於把握彼此氣場的關係了。

要學會制怒、慎獨，減少外界對自身氣場能量的影響。

面對憤怒，只可導不可壓

一陣吵鬧的鈴聲將毛豆從美妙的夢境中拖了出來，毛豆心想究竟是誰這麼討厭，好不容易有個星期天還要來打擾我。

不過，毛豆還是接了電話，禮貌地問：「您好，哪位？」

「是我，薩銳。你今天沒事吧，出來陪我聊聊天。」薩銳的聲音很沮喪，嚇了毛豆一跳。

見到薩銳，毛豆發現薩銳的精神狀態非常不好，他的氣場中充滿了負面能量。一見毛豆，薩銳就把自己的一肚子苦水和氣憤通通倒向毛豆，不給毛豆任何說話的機會。原來，薩銳採用了邁克爾的方法成功地搞定了L公司，產品推向市場也大獲成功。可是，薩銳不但沒受到獎勵，還被老闆罰了。理由是薩銳向L公司購買了不必要的技術，而這些當初老闆是舉雙手贊成的。

薩銳越說越氣憤，不停地詢問毛豆：「我該怎麼辦？我是不是該辭職？這樣的老闆是不是混蛋……」

毛豆完全不知道該怎麼辦，只好發短信向邁克爾求救。過了五分鐘，毛豆終於收到了邁克爾的回覆：「可導不可壓。」

邁克爾和毛豆講到過遇到非常憤怒的人應該怎麼做，最後的總結就是這五個字「可導不可壓」。邁克爾認為，當一個人憤怒時，他的內心就會製造出大量的負面能量，這些負面能量會被逐漸傳導到氣場中。可是，他的氣場無法承載這些突增的氣場能量，所以要發洩出來或者爆發出來。

由於氣場中累積了大量能量，所以憤怒的人們一般都比較有力量，而且對於疼痛的感覺會相應降低（氣場能量過多會導致感覺外部能量遲鈍）。在這個時候，如果說「你別生氣了」、「沒什麼的」等話語壓制對方氣場能量，則很容易讓對方將負面能量繼續存在於氣場中，等到有其他誘因的時候，再爆發出來。這樣並不能解決任何問題，只會讓問題變得越來越糟。憤怒的能量長期累積在氣場中會改變對方氣場能量的構成，影響對方的性格。

但也不可以迅速導引，讓對方一下子都發洩出來。突然爆發出來的過強的氣場能量可能會傷害到自己，因為憤怒的能量所需要的僅僅是發洩出來，很少會考慮到對象是誰的問題。遇到這種情況，最好的辦法就是慢慢誘導對方將憤怒的氣場能量緩慢地釋放出來，既不壓制也不刺激，給對方一段較長的時間，讓對方將憤怒的能量一點一點地釋放出來。

毛豆實際上就是這樣做的。他沒有附和薩銳，也沒有頂撞薩銳，他一直不斷地詢問細節，讓薩銳緩慢地將故事多講了幾遍。在講述的過程中，薩銳憤怒的能量逐漸被發洩出來。經過了幾小時的長談，薩銳終於可以平靜地面對這件事情了。

【毛豆筆記】

面對憤怒的人，我們要瞭解到他的氣場能量是強大而且急於發洩的，我們需要一步步誘導對方將憤怒的能量釋放出來，既不能太快也不能太慢，既不能壓制也不能刺激，讓對方在較為平和的環境中，將內心的能量釋放出來。

讓憤怒的人把能量發洩出來的同時，要注意避免這些負面能量傷到自己。

借協力廠商之勢避開正面碰撞

毛豆率領導的小組擴大了，可是毛豆的日子更加難過了，因為新分到自己組中的正是自己的死敵——古莉莉。

對於古莉莉，毛豆完全不知道該怎麼應對。古莉莉雖然比毛豆進公司晚很多，但業績一直和他不相上下，只有最近毛豆才進展神速。另外，毛豆一直都受到古莉莉的欺負。

分到毛豆的團隊之後，古莉莉的脾氣更是有增無減。團隊內部開會的時候，古莉莉總是指桑罵槐地批評毛豆這也不對，那也不對。毛豆整天都被她弄得焦頭爛額，無奈之下只好再次找到邁克爾請求幫助。

邁克爾聽到毛豆的敘述以後，不知道是該說毛豆善良好，還是該說毛豆軟弱好，一個上司居然被自己的屬下整天欺負，真不知道毛豆是怎麼過來的。不過瞭解毛豆的邁克爾還是想知道毛豆到底是怎麼想的。

毛豆只好將真實的原因說出來：「其實，我不是管不住她，也不是懼怕她，我只是不想讓我們兩個人的關係因此急轉直下，畢竟過去還有一段時間關係是很好的。可是，我又不能不管她，這樣下去，我和她都會倒楣的。」

毛豆所說的這種情況在生活中是比較普遍的，我們經常會對他人有一些意見，如果我們不將這些意見說出來，事情就會變得很糟糕，但是如果說出來，我們可能會失去一個或者幾個朋友，讓事情變得更糟糕。無論是說還是不說，自己都難逃被埋怨的下場。

在我們向他人傳達意見的過程中，氣場能量也會隨著我們的意見侵入對方的氣場。如果雙方意見分歧較大，你與對方之間的氣場就會不斷地爭鬥，影響雙方之間的氣場磨合。解決這個問題的關鍵就在於將自己的意見和自身的氣場能量拆分開來，但這是比較困難的，因為我們的語言與氣場在很多時候都是統一的。

可是，還有一種情況是例外的，那就是在我們轉述他人意見的時候。這時我們的氣場能量依舊會隨著我們的意見侵入對方的氣場，但在對方的認知中，這些能量卻是由我們作為中轉站轉輸給他們的，我們就成功地躲開了直接說出自己意見傷害對方的情況發生。這實際上就是一種借勢，借第三人的氣場把我們的問題轉移出去。

在具體操作過程中，我們還必須注意兩個問題：第一，對方是否是一個反應很直接的人，也就是很少思考的人。這種人的能量運動比較直接，他們極有可能沒有分清這些話是誰說的就直接反擊，那樣，這個計畫就會不起作用了。

第二，我們能不能找到一個合適的「替罪羊」。這個「替罪羊」一定要與事件有關，我們還了理解這個人的語言習慣。如果無關，那麼傳遞一件這樣的資訊就會讓對方警覺。如果我們模仿的他人語言與他本身語言相差太多，我們隱藏自身氣場能量的做法就會很難完成。這也同樣是為什麼有時候用他人口吻拍馬屁，結果拍在馬腿上的原因。

此時，對於毛豆來說，最好的「替罪羊」就是李恩威。

毛豆找到古莉莉，告訴她，李恩威說如果她再不好好工作就會炒掉她。古莉莉被這一資訊震住了，不過依舊很感謝毛豆的及時提醒。

本來以為一切按照計畫進行，可是第二天古莉莉依舊我行我素，絲毫沒理昨天毛豆說的話。毛豆厚著臉皮去詢問原因，結果古莉莉神氣地答道：「昨天我問了一下李總，結果李總說完全沒這回事情。還要我轉告你，找一個時間碰個頭。」

毛豆功虧一簣，因為邁克爾在向毛豆介紹這個方法的過程中，忘了說要謹記儘量不要在古莉莉認識的人中選擇，因為古莉莉可能會去詢問。

【毛豆筆記】

借勢是運用氣場能量的很好的手段，在借他人之勢的過程中，我們既可以把自身的氣場能量全面調動起來，又可以避免與他人的能量產生強烈衝突，影響兩人氣場之間的關係。

借勢可以讓兩個人站在同一戰線上，增進氣場交流。

擊中對方弱點，扭轉乾坤

毛豆很討厭兩種人，一種是很囂張的人，另一種是非常囂張的人。現在毛豆面對的就是一個討厭的人，可是毛豆卻不能把自己的這種感覺表現出來，因為對方是他們部門極其重要的客戶。

老實說，這個客戶很多人都不喜歡，在與客戶接觸的過程中，客戶不斷提及自己有多麼雄厚的資產，並且馬上就要上市了。毛豆只能不斷地附和著，因為他覺得這樣可以讓客戶和自身氣場接觸更融洽，讓他能夠成為長期合作的客戶。

誰知道這個客戶依舊喋喋不休地講下去，並且更加囂張。當著毛豆以及同事的面，客戶批評毛豆所在的公司、所擁有的產品一文不值。路過會議室的李恩威看到了這種情況，悄悄地將毛豆叫了出來，暗地裡教了毛豆幾招。

等到毛豆回來的時候，客戶依舊在和毛豆的同事說著自己的公司。毛豆來到這位客戶的面前，手中拿著一份檔案，平靜地對客戶說：「先生，如果你認為本公司如此不堪，那麼我只好說聲抱歉了，我們公司只能與另外一家公司合作了。」

客戶愣在那裡，他完全沒有想到這一招，他只是想透過這種方法讓毛豆作出一些價格上的讓步，讓自己獲得更多的利益。因為他確信自己是S公司唯一可能的合作夥伴。當他聽到毛豆這樣說時，他只好收斂起來，向毛豆表示道歉，並說這樣的事情不會再發生了。接下來，毛豆一帆風順地與客戶簽下了合約。

李恩威教毛豆的就是這一招，實際上毛豆手裡的檔只是一打嶄新的白紙。李恩威一眼看穿了客戶的伎倆，對付這種囂張的對手就要直接戳中他們的死穴。

俗話說，金無足赤，人無完人。每個人都有某些弱點，找到這些弱點並且給予對方致命一擊，能夠幫助我們取得氣場交鋒的勝利。當一個人很囂張的時候，這個人就在不斷地製造負面能量，負面能量的增多促使他的氣場發生膨脹。膨脹的氣場更容易侵入到他人的氣場中，讓他人感到不舒服。這時，像毛豆這樣企圖與對方氣場融洽接觸的可能性很小，因為對方的氣場中充滿了負面能量，而我們氣場中則更多的是正面能量，負面能量與正面能量接觸只會讓雙方的不適感加強，尤其是對於擁有正面能量的一方。

在氣場膨脹時，一個人的弱點也更容易顯露出來。這時，由於對方的負面能量並不能完全支持氣場的膨脹，所以原來的氣場能量要覆蓋在更為廣大的範圍內，氣場能量的強度就會有一定的減弱。我們可以透過擊潰對手的氣場取得氣場交鋒的勝利。

想要找到他人的弱點，我們需要更多地觀察，不斷地觀察和累積能讓我們瞭解人們更多的想法，並透過這一點找到他人的弱點，就像李恩威那樣。氣場變化一定是有其內在原因的，這時對方往往會選擇呈現出相反狀態來掩飾自身的弱點，比如說輕視對方實際上是為了掩飾對於對方的重視，等等。

【毛豆筆記】

面對囂張的人，一味忍讓只能讓我們更加被動，正確的做法是，主動尋找囂張者的氣場弱點，攻擊對方的弱點，讓對手不再囂張。

利用他人弱點的同時，注意不要被對方利用了自己的弱點。

迅速遠離無法化解的氣場危機

在生活中，我們遇到的大多數問題都可以解決掉，但這並不意味著當問題發生時，你就一定能夠解決，氣場操縱力也是如此。雖然擁有強大的氣場操縱力可以幫助你解決很多問題，但在某些情況下，氣場操縱力並不能幫助你做得更好。

在邁克爾的指點下，毛豆的氣場操縱力有了很大的進步。可是在面對很多問題時，毛豆依舊無能為力，所以鼻青臉腫地找到邁克爾。

邁克爾連忙拿來創可貼，詢問究竟發生了什麼事。

毛豆出差回來在火車站等公車的時候，旁邊有四、五個喝多的人在爭吵。好奇心誘使毛豆想要瞭解究竟是怎麼一回事，誰知毛豆剛一走過去就被這四、五個人不由分說地打了一頓。

邁克爾問：「那你有沒有預料到他們會對你動手？」

毛豆說：「當然沒有了，如果知道會發生這種事，我肯定不會上前的。」

邁克爾說：「你應該預測到的，因為他們喝醉了而且在爭吵，他們的氣場充滿了憤怒的能量，渾濁不堪，極有可能發洩在他人的身上。你很不幸，成了那個發洩的對象。」

毛豆說：「可能是這樣，不過，我認為我能幫到他們。」

邁克爾歎了口氣，語重心長地說：「有很多不和諧的氣場交鋒並不像我們看到的那麼簡單，當你不明真相地衝上前時，你是根本解決不了問題的。」

毛豆插嘴道：「可是……」

邁克爾馬上打斷了毛豆的話，說：「我們遇到的一些問題，是不可化解的，所以，你應該瞭解到自己究竟有多大的能量。強行去化解那些不和諧的氣場交鋒只會將我們自己捲進去，就像你現在這樣。有時候，你應該學會逃跑。」

邁克爾所說的這一番話，與兩千多年前孔子對他的弟子曾參說的話很相似。一次，曾參犯了錯，他的父親要拿大棒子打曾參。曾參很孝順，就待在原地等自己的父親打自己。

之後，曾參求見孔子的時候，孔子說不要讓曾參進來。左右的學生都頗為不解，問孔子為什麼要這麼做。

第七章

在不和諧的氣場中化險為夷

孔子說：「如果你父親用手打你，你可以待在原地，因為你父親打你不會有什麼影響。但是你父親用大棒子打你，你就一定要跑，因為如果你被打死了，你父親就要坐牢，這反而是最大的不孝。」

孔子和邁克爾都看重一點，那就是如果你想做的事情，可以承受，那麼你就可去做；如果無法承受後果，那就不要去做。像毛豆這樣面對一些自己無法解決的氣場交鋒，真正好的辦法就是迅速遠離，而不是主動向前。

在古希臘神廟上有一句話被很多人贊成，這句話是「認識你自己」。我們每個人都要能夠認識到自己的能力和自己可以承受的後果，考慮到這些之後再去做一些事情。也許你的氣場操縱力很強大，也許你可以解決很多問題，但事實上，在考慮了很多具體情況以後，你能做到的只有極少，甚至會適得其反。

毛豆的故事就是在教育我們要有自知之明，知道什麼事情我們可以做到，什麼事情我們不能做到，只有這樣，你的氣場操縱力才能真正地幫助你，讓你在不和諧的氣場中化險為夷。

【毛豆筆記】

雖然強大的氣場操縱力可以幫助我們解決很多問題，甚至可以說幫我們解決我們遇到的大多數問題，但這並不是在所有時刻、所有地點都有效。在遇到具體事件的時候，每個人都需要詳細分析自己目前的情況，以便更好地解決問題。

人貴在有自知，更可貴的是懂得我們不可能現在就能解決所有問題。

useful point

第八章

喚醒潛藏在大腦深處的財富能量場

金錢對生活的重要性毋庸置疑，我們每個人幾乎每天都會產生對金錢的渴求。你一定很想知道，為什麼一些人富有，而一些人卻很貧窮。其實，開啟財富之門的鑰匙就是我們的財富氣場。

如果你擁有強大的財富氣場，金錢就會受到你強大氣場的吸引來到你身邊。而如何擁有強大的財富氣場，就要從我們神奇的大腦說起。

寫下你的訂單

很多人可能都曾想過天上掉餡餅的事情，但很少會想天上會掉什麼樣的餡餅，或者餡餅掉在哪裡，正如我們訂外賣的時候都需要填寫的訂單一樣，如果沒有訂單，送餐人員便無法將飯菜準確無誤地送達。試想，如果你不為自己的夢想填寫訂單，上天又如何能把你想要的東西送給你呢？

邁克爾正在教毛豆擁有財富的第一招：你要渴望財富。

毛豆對此表示很不理解，毛豆說：「我的確想擁有財富啊，每時每刻、每分每秒都在想怎麼能讓自己富裕一些。」

邁克爾說：「你真的確定自己想過嗎？」

毛豆很肯定地點了點頭。

邁克爾說：「那我們來做一個實驗吧，你看一下這個故事。」

富翁在岸邊散步，看到一個正在曬太陽的漁夫，就對漁夫說：「今天天氣很好，為什麼不出去打魚啊。」

漁夫悠閒地回答道：「我今天已經捕到足夠我吃的魚了。」

富翁又對漁夫說：「那你為什麼不趁著這麼好的天氣多打一點，這樣你就可以換一條更好的船了。」

漁夫不解地問：「換更好的船有什麼用啊？」

富翁說：「這樣你就可以打到更多的魚，然後開一家工廠，賺到更多的錢。」在富翁的眼前出現了一幅波瀾壯闊的奮鬥畫面。

漁夫又問：「賺那麼多的錢幹什麼？」

富翁說：「那樣你就可以悠閒地曬太陽了。」

漁夫笑著說：「我現在不就已經這麼做了嗎？」

毛豆很快讀完了故事，邁克爾問：「你覺得那個漁夫的想法怎麼樣？」

毛豆想了想，回答說：「他很聰明啊。的確，他已經在悠閒地曬太陽了。」

邁克爾說：「這就是你的問題所在。我所講的對財富的渴望是一種接近於無限的渴望，不是停留於現在，而是不斷地向前。當你渴望五百萬的時候，那麼你的財富最終會定格在五百萬，或者少於五百萬。氣場的能量的確可以讓你心想事成，但它並不能為你吸引來更多。」

邁克爾所說的正是毛豆和其他很多人的問題所在，他們渴望更多的財富，希望過更好的生活，但當他們身處在很不錯的環境中時，他們就會停止對財富的渴望。這樣的心態形成的氣場最終會限制這個人的氣場能量，讓他沒法擁有更多的財富。

你擁有多少財富是由你的氣場決定的，而氣場會受到你的思維的影響，所以，想要擁有財富，首先要解開自己的思維，無限地渴望，讓自己的大腦高速運轉，以塑造出更強大的財富氣場。

千萬不要像故事中的漁夫那樣，每天安心舒適地曬著太陽就足夠了。要知道，即使此刻很悠閒，漁夫依舊會面臨著一些問題比如他明天出海可能一無所獲，後天出海可能也一無所獲，漁夫逐漸就會喪失自己目前擁有的生活，每天為錢財奔波苦惱。與其最後不得不為錢財奔波，還不如在開始的時候就用強大的財富氣場來吸引更多的財富。

所以，富翁和漁夫的區別就在於兩人財富氣場的不同。富翁的財富氣場是不斷渴望更多的財富——明天的、未來的；漁夫的財富氣場則是始終停留在安逸的現狀——今天的、現在的。也許富翁在追求財富的過程中會很疲憊，但是當他真正追求到財富的時候，舒適的生活也將隨之而來。

像毛豆這樣的奮鬥族，不管眼下的生活舒適與否，都要增強自己的財富氣場，寫下自己的財富訂單，並為之不懈努力。做到這些，不久之後，財富自然就能找到你了。

【毛豆筆記】

我們不必出生在富貴之家，不必在學校名列前茅，不必指望繼承大筆的遺產，如果擁有強大的財富氣場，就擁有吸引財富的力量。當然，還需要注意的是，虛無縹緲的幻想並不會為你帶來太多，切實的渴望才會為你吸引來更多的財富。

要記住，這個世界的財富是無限的，只有你想要，才可能最終擁有。

讓夢想財富的大腦高速運轉

了解氣場能量可以吸引更多財富之後，毛豆每天都注重氣場修練，以求增強自己的氣場來讓自己吸引更多的財富。可是，修練了很久後，毛豆覺得除了自己的身體更健康、氣場更強大之外，沒有任何的效果。

邁克爾聽完了毛豆的講述之後，笑了起來，說：「強大氣場的確可以吸引更多財富，但並不是透過一般修練就可以創造吸引財富的能量。」

毛豆說：「那怎麼做才能創造更多的財富能量？」

「這要從氣場的構成開始說起，人體氣場中有一部分非常重要，就是我們的大腦。大腦可以製造比其他身體部分多很多倍的財富能量。」邁克爾一邊說，一邊讓毛豆看一張照片，照片上的人是著名的物理學家霍金。

邁克爾問：「你覺得霍金的氣場強大嗎？」

毛豆仔細看了看照片上的霍金，搖了搖頭。

「這是因為我們一般很難看到或者感受到他人大腦創造的能量，世界上的很多富翁在他人面前沒有展現出強大的氣場也是這個原因。但處於高速運轉中的大腦確實可以創造出更多的財富能量。」

實際上，邁克爾並沒有告訴毛豆為什麼大腦可以創造出更多的財富能量，因為財富能量本身就是一個相對的概念。能量可以吸引相同或者相近的物質，財富能量也可以吸引相同或者相近的物質，但判斷一種能量是不是財富能量的根據是它吸引的物質有多少價值，或者說能賣多少錢。

在當今社會，知識和創意是可以獲取更多的價值的，而大腦中的知識和創意最多，大腦也就可以創造更多的財富能量了。

不過，邁克爾卻告訴了毛豆一些讓自己的大腦更加強大的方法。

第一，突破直線思維——大腦更傾向於直線思維，並且隨著不斷訓練，大腦更容易陷入直線思維中。這種「因為……所以」的關係會限制大腦的運轉速度，同時限制大腦的思考範圍，限制大腦中知識的更新，最終阻礙大腦產生更多的能量。

所以，我們一定要學會突破直線思維，在做一件事情的時候，學會將思維發散和輻射，多想一想為什麼會有這樣的方法，以及有沒有其他的方法。突破了直線思維後，大腦運轉速度就會提高，氣場能量就會強大起來，才可能製造更多的財富能量。

第二，學會專注——我們生活於一個知識爆炸的年代，想要精通所有的方面基本不可能。將自己的精力花費在過多的方面會讓我們無法擁有較強的氣場，因為不同的事情或者不同的學科訓練會形成彼此衝突或者對立的能量。

以霍金為例，我們雖然無法感受到霍金的能量氣場，但是在讀他的一些作品時，我們可以感受到他對物理的深度理解和解析。這些不是淺嘗輒止所能做到的，而且如果霍金同時從事很多其他的專業，那麼相信他是不會有今天的成就的。

第三，注意休息——大腦的運轉會消耗身體過多的營養，而且隨著大腦運轉的時間增加，思維不但不會更清晰，反而會越來越模糊。

長時間讓大腦處於高強度的狀態會讓大腦吃不消，也會對大腦產生一定的負面影響。所以，我們應該多多注意大腦的健康，讓大腦可以在我們最需要的時候發揮出最大的作用。

相對於身體的其他部分來說，大腦更加複雜和難以控制。但在知識經濟的時代，大腦能否高速運轉卻決定了我們是否能夠擁有更多的財富能量，是否能吸引更多的財富。所以，如果想擁有財富，你就要學會讓自己的大腦高速運轉起來。

【毛豆筆記】

人體氣場是由不同部分組成的，其中大腦可以創造更多的財富能量。讓大腦更強大的方法雖然有很多，但是我們一定要注意採取合理有效的措施，否則不僅不會讓我們擁有更多的財富能量，還會令大腦受到傷害。

我們需要找到讓大腦發揮最強作用的方法，這樣才會事半功倍。

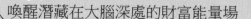

擁有財富氣場也要保持理性

什麼時候你感覺最順利，一般來說，肯定是情場得意，職場也得意的時候。那什麼時候你感覺最不順呢？是情場失意，職場也失意的時候？不對，是你情場得意，職場失意的時候。

可憐的毛豆現在正處於這樣的階段：

在經歷了一些小的波折後，毛豆和樂樂的感情非常穩定。毛豆的工作雖然有一定的好轉，但還是承受著極大的壓力。

一方面，情場得意增加了不小的開支；另一方面，職場失意讓毛豆的收入大幅縮水。毛豆對金錢的渴望幾乎達到了有史以來的最高點，在這種情況下，毛豆決定開始一些投機性質的投資。

邁克爾瞭解了毛豆的情況以後，特意買了一本書送給毛豆，而邁克爾的目的只不過是讓毛豆讀一個和鬱金香有關的故事。

鬱金香是荷蘭的國花，也是在荷蘭歷史上令無數人傾家蕩產的「魔幻之花」。鬱金香在傳入荷蘭之後，由於它的高貴典雅，很快受到了荷蘭人的喜愛和追捧，不斷有人用高價購買鬱金香。

由於需求持續旺盛，荷蘭的鬱金香種植業逐漸發展起來，然而種植業的發展卻遠遠跟不上人們對鬱金香的追求。鬱金香在市場中不斷交易，價格迅速攀升，這時一些投機者、商人也加入到販賣鬱金香的行列中。鬱金香成了當時最為熱門的一種投機產品，一些稀有的鬱金香品種甚至與一棟別墅的價值相當，荷蘭人已經為鬱金香瘋狂了！

越來越多的錢湧入鬱金香交易中，對於投機者來說，這樣的時代就是一場夢，投機者只需買一盆花，不用宣傳，鬱金香的價格就會瘋漲，幾天甚至幾個小時之後就可以大賺一筆。

讀完這個故事以後，毛豆果然來找邁克爾了，只不過和邁克爾想像的並不一樣。

毛豆興奮地對邁克爾說：「邁克爾，你的這本書真是太好了。你知不知道哪裡有像鬱金香投資這樣的投機投資，那個時代簡直是投機者的盛世。」

邁克爾無奈地看著毛豆，說：「在你像荷蘭人一樣為鬱金香瘋狂前，你最好把這個故事讀完再說吧。」

毛豆聽了邁克爾的話，果然發現翻過一頁後，這個故事還有下文。他們的理性已經完全被狂熱的投機所遮蔽了，經濟泡沫被越吹越大。最後這個泡沫終於破裂，鬱金香的價格一落千丈，甚至不及一盆普通花的價格，不少投機者為此傾家蕩產甚至淪為乞丐。曾經的夢境變成了投機者歷史上最大的噩夢之一。

看完這段話以後，毛豆的興奮勁兒一下子被澆滅了。

邁克爾對毛豆說：「擁有渴望財富的氣場能量很好，但是讓財富的氣場能量一下子變成鈔票還是需要一段時間的。你試圖追求在短時間之內擁有大量財富的急躁心態會讓你陷入那裡，並且越陷越深。」

對於很多想在短時間之內擁有更多財富的人來說，世界著名投資大師巴菲特的兩句忠告值得謹記。第一句忠告是「在大多數人恐懼的時候貪婪，在大多數人貪婪的時候恐懼」。

以荷蘭的鬱金香事件為例，當所有人都為鬱金香瘋狂的時候，所有人都在貪求投機鬱金香背後的財富。

這種群體性的貪婪在失去控制以後，就會扭曲正常的經濟關係，而一旦市場無法承載鬱金香不斷上升的價格，鬱金香的經濟泡沫就會破裂，貪婪者們就會喪失大量的金錢。

很多人貪婪是因為背後的巨額利益，但是越來越多的人加入後，追求利益的成本也會不斷增加，最終得不償失。

第二句忠告則是「永遠不要去投資自己不懂的東西」。如果一件事情你只是貪圖利益，自己沒有去仔細研究和探索，那麼這項投資就可能會在某一時間超出你的掌控範圍，讓你為之付出巨大代價。

巴菲特有一句口頭禪說的是：「擁有一檔股票，期待它下個早晨就上漲是十分愚蠢的。」這實際上也是邁克爾教毛豆獲取財富的第二招：等待，給財富氣場一些蓄積能量的時間。

【毛豆筆記】

擁有很多的財富能量是好的，但你企圖讓這些財富能量迅速就起到作用則是非常愚蠢的，因為氣場能量展現出它的財富吸引力需要一定的時間。對於你來說，最好的辦法是等待。如果你急於獲取利益，那麼這種急迫感會產生一定的負面能量，將你的財富能量擠出氣場。

給自己一點時間，給財富能量發揮作用積蓄一點時間。

學會用正面思維做選擇

「你相信我們的食物增長無法滿足所有人的需要嗎？」

你當然不會相信，但如果我們回到十八世紀，那個時代最偉大的人口學家之一的馬爾薩斯相信我們的食物增長最終不能滿足以更快速度增長的人口的需要。這一理論雖然在之後受到了廣泛的批評，但是在當時還是得到了一部分學者的支持。

事實上，今天的專家依然會得出一些在很多年後看來非常荒謬的結論，因為沒有人可以那麼準確地預知未來。這個世界上的所有人都會犯錯誤，那麼我們該如何選擇或者用正確的觀點來迎接生活的挑戰呢？

這也是毛豆感到困惑的事情，在過去他曾經做過很多非常錯誤的選擇，而一些選擇他直到今天都不知道是否正確，他不清楚如果自己做錯了該怎麼辦。

想要逃離這樣的困境，我們需要用正面思維考慮問題，用積極向上、不斷向前的想法去考慮問題。正面思維就是去追求過程中的選擇對於是自己正確的，而不是去追求虛無縹緲的絕對正確。

邁克爾也這樣認為，他對毛豆說：「這個事情我們完全可以從另外一個角度來看，既然所有人都會做錯事情，那麼你又何必追求絕對的正確呢？」

毛豆對此感到非常不解，問道：「那我們應該追求什麼？」

邁克爾回答說：「追求適合你自己的。你知道，你的氣場能量決定你是否擁有財富，但是氣場能量並不會判斷你的選擇是正確還是錯誤，只有你自己會判斷。你的判斷會影響你氣場能量的發揮，所以，你只要做到盡可能地讓自身財富能量更強大，並且不去懷疑就可以了。」

毛豆疑惑地問：「這樣真的可以嗎？」

這樣真的可以，聽從自己的內心，發揮自身的氣場能量，你才可能獲得更多的財富。這並不是南轅北轍，因為製造財富能量的方法有很多，只要你的選擇適合你的氣場能量就可以，即使是錯誤的道路，最終也可能取得非凡的結果。

我們不妨來看看賈伯斯的經歷，賈伯斯以及他所率領的蘋果公司如今得到了廣泛的好評，大多數人都認為經過了多年的較量，賈伯斯和蘋果公司終於超越了自己的老對手比爾．蓋茲和他所創立的微軟公司，但實際上賈伯斯曾經犯了一個錯誤，一個影響到幾乎所有電腦公司的錯誤。

當時，賈伯斯和自己的搭檔沃茲尼艾克共同研製出了第一台蘋果電腦。在這之後，不少公司開始建立了自己的電腦部門，以期搶佔這一新興市場。但是當時大多數公司都更注重硬體設備，認為硬體可以獲得更多的利益，除了比爾．蓋茲。比爾．蓋茲看到了軟體的商機，然而他的最大對手就是賈伯斯，蘋果公司已經研製出了比較成熟的作業系統，但賈伯斯並沒有將這套作業系統向其他公司出售，而是只應用於蘋果電腦。比爾．蓋茲發現了這一點，迅速研發出一種作業系統，並且與很多電腦公司合作，最終創建了微軟帝國。

如果當年賈伯斯也與其他公司合作，那麼他就不需要花費這麼多年的時間超越比爾．蓋茲和微軟，他和蘋果公司很可能就是今天的比爾．蓋茲和微軟，甚至會更加強大。等到賈伯斯回到蘋果以後，他似乎將自己的「錯誤」發揮到了極致。讓蘋果公司成為IT界的藝術工廠，不是像微軟那樣跟隨一個潮流，而是獨自引領一個潮流。

任何事情都會有它的兩面，既然沒有絕對的正確，當然也不會有絕對的錯誤。

只要你找到適合自己氣場能量的選擇，無論對錯，如果你一直走下去，相信你的氣場能量也會幫助你吸引更多財富。

【毛豆筆記】

做出選擇時，不要去在意是否正確，而應學會用正面思維，瞭解這種選擇是否符合你的氣場。如果這種選擇可以讓你的氣場更加強大，那麼即使是他人眼中的「錯誤」也可以讓你吸引到更多的財富。

真正重要的選擇不是正確還是錯誤，而是是否適合。

共同協作，掀起一場「頭腦風暴」

毛豆的公司現在面臨的問題是Y公司的銷售價格過低，導致公司的利潤不斷下降。同時，其他公司也試圖匹配Y公司的報價，部門的業務因此很難開展。而如果利潤水準長期無法提升，毛豆所在的部門極有可能被裁撤。

毛豆所率領的團隊也受到了相似的影響，業務擴展得很不順利。部門被裁撤與團隊業務不順的兩把利劍懸在毛豆的頭上，毛豆無奈之下只好再次來找邁克爾。

毛豆把自己部門的情況、公司的情況、業務的情況以及面臨的問題用了將近一個小時的時間跟邁克爾講完了，卻只得到邁克爾一個非常簡單的建議——和同事再商量一下。

「和同事商量有什麼用？」毛豆對邁克爾的建議顯得無法理解，可是現在只有『死馬當活馬醫』，試一試再說了。

邁克爾之所以會給毛豆這樣的建議，原因很多：第一，毛豆的氣場已經長期陷入一個問題中，財富能量鬱積在某一點上無法爆發，而透過團隊協作可以有效地啟動財富能量；第二，正視困難才是解決困難的前提，和同事討論有利於讓團隊中的每個人都認識到眼前面對的問題，明確這一點才能調動起每個人去解決困難；第三，多聽聽他人意見，有助於找到其他解決方法，便於最終解決問題。

會議果然如毛豆預想的那樣，其他四個人時不時地說上一句話，主要是古莉莉和毛豆在唇槍舌劍的爭論。

毛豆說：「我覺得我們應該與其他公司重新談一談，提高價格，這樣至少能保住我們的飯碗。」

古莉莉立即反駁道：「現在與Y公司的議價其他公司已經都掌握了，我們是很難提高價格的。即使我們可以提高價格，新產品也還是無法打開市場。」

毛豆說：「那也總比這樣利潤不斷被侵吞好啊，現在其他公司也紛紛開始降價。一場降價大戰在所難免，如果繼續降價，我們最終可能會保住市場佔有率，但是會失去更多。」

這時，坐在角落的一個成員忽然說：「那為什麼不按莉莉姐過去的意見，將我們的產品推向中小城市或者中小企業呢？」

毛豆和古莉莉都將目光轉向這個人，只聽這個人繼續說：「我們可以利用Y公司的影響力，將我們負責的新產品推向中小市場。倚靠較低的價格肯定會有不錯的市場前景，一旦我們打開了市場，就方便了一些後續計畫的推進。」

古莉莉接過來說：「而且中小企業一般不具有大公司較為全面的輔助部門，我們除了售出商品以外，還可以提供有償服務，比如維護和升級，這樣便能提高我們的利潤率。」

會議結束以後，毛豆迅速寫好計畫書呈報給李恩威，眼前的路變得一片光明。

在工作中，我們每個人都可能會遇到各種各樣的困難，這時候，與其自己一個人面對困難，不如多和他人溝通。即使是水準差不多或者比自己差的人也有可能看到自己看不到的方面，可以給我們提供更多的視角和方法。

在與他人交流的過程中，你與對方的氣場能量是在不斷交流的。這種交流有助於自身氣場能量的健康，也可以使你的氣場能量更加活躍。同時，增加了外部氣場能量，自身氣場能量會變得更加多樣，也更加穩定。最重要的一點是，他人的氣場能量尤其是由大腦創造的能量能幫助我們吸引其他方面的想法和創意，最終成功地解決問題。

這一點在追求財富的過程中體現得最為顯著，每個人的精力和時間都是有限的，我們所關注的方向也是有限的，這就制約著我們能夠看到的商機也是有限的。如果在平時工作中或者生活中與他人多多交流，我們就可以找到更多解決問題的辦法或者途徑。

【毛豆筆記】

他人氣場的能量侵入除了會令自身氣場感到危險外，也會為我們帶來一些新鮮的想法與創意。尤其是在一個人長期處於同一思路時，協作會啟動我們的氣場，創造更多的財富能量，最終順利解決問題，吸引更多財富。

學會利用他人能量，幫助我們吸引財富。

重視計畫：讓氣場能量與目標成功對接

毛豆的計畫書很快被上級批准了，這就意味著毛豆的團隊又要擴大了。由於是公司計畫外的擴張，而且方向也與公司一貫重視的面向大公司的銷售不同，上級決定在人事部門初選以後，由毛豆進行第二輪面試。

在請教了老貝以及人事部門的一些同事以後，毛豆開始了自己的招聘活動。由於S公司的實力和聲譽，在經過第一輪的嚴格筆試以後，還是有很多人進入了第二輪的面試。

第一天，在面試了十幾個人後，毛豆疲憊不堪地回到家裡。不過，他依然很開心，因為他覺得他發現了一個很不錯的人才。

但毛豆剛剛燃起的想法很快就被邁克爾澆滅了，毛豆不服氣地問：「為什麼你說他不行。無論是簡歷上、筆試成績上，還是面試成績上，他都很不錯。」

邁克爾說：「無論做什麼，人都要盯緊他的目標。你現在需要的是一個馬上能夠投入工作的出色銷售員，他的簡歷和他的筆試成績並沒有辦法證明這一點，而且……」

毛豆說：「可是他面試也很不錯，他的氣場很強大啊。」

邁克爾說：「我並沒有說他展現出來的氣場不強大，但你提到他說他可以每月向三百間公司推廣你們的產品，這本身就是不可能的。你仔細想一想，這三百間公司他是怎麼計算出來的。另外，他有關於走訪這三百間公司的詳細計畫嗎？」

毛豆搖了搖頭說：「應該沒有。」

邁克爾又說：「謊話是可以讓自身氣場變強的，而且自己都不知道自己在說謊時氣場會變得更強。但是沒有任何計畫的氣場是缺乏長期性的，他的氣場會隨著他工作時間的加強而不斷減弱。」

像毛豆這樣第一次從事招聘的人很容易被突然強大的氣場迷惑，我們每個人自己有時也會被自己的野心迷惑。比如計畫從今天開始，我要減肥多少公斤。誠然，這種想法是非常不錯的，但是這些想法並不會為你帶來什麼，說自己要減肥多少公斤的人很多，但是真正實現的人很少。因為這些人擁有了走向成功的氣場能量，卻沒有分步的具體計畫好讓自身的氣場能量與目標很好地連接起來。

前面我們提到過，氣場能量並不能馬上將我們需要的物質吸引到我們周圍，所以我們需要等待。但如果在等待的過程中，我們的氣場能量不斷發生變化，那麼我們最初想要的財富就會喪失穩定的吸引力，財富最終也很難來到我們身邊。我們需要一個計畫，一個合理的計畫，這個計畫能夠不斷地製造能量並且讓同一種能量穩定地發揮作用。這樣，你才能真正擁有心想事成的能力。

在制訂計畫的過程中，你需要有幾點認識：

第一，與其制訂過高的計畫，不如制訂較低的計畫。過高的計畫往往難以達到，會挫傷我們的積極性，最終影響我們的氣場能量，而較低的計畫因為易於達到而有助於提升我們的自信心，最終增強我們的氣場能量。

第二，與其制訂一個長期計畫，不如制訂多個短期計畫。在完成計畫的過程中，很多人可能會因為計畫過長而無法堅持，短期計畫則便於人們一個一個地完成，而且短期計畫易於人們不斷調整計畫以滿足情況變化的需要。

第三，與其制訂多個計畫，不如切實執行一個計畫。如果計畫無法得到執行就只是空想，空想在短期內會幫助我們增強自身的氣場能量，但是無所作為會讓我們的氣場能量不斷降低。從長期來看，我們的氣場能量依然會降低。

航。

所以，制訂合理計畫並且努力執行，才能讓氣場能量為我們通往成功保駕護航。

【毛豆筆記】

擁有目標可以讓我們擁有更多的氣場能量，計畫則會讓我們的氣場能量不斷發揮作用。合理而有效的計畫是我們完成已有目標的有效手段，但如果不去執行，那麼計畫起到的作用不會比空想大多少。

從現在開始，制定工作目標和工作計畫。

不要讓財富氣場在明天晚上枯竭

「今天很殘酷，明天更殘酷，後天很美好，但大部分人都死在明天晚上，看不到後天的太陽。」讀過馬雲這段話的毛豆很有感慨，不禁想要和自己的朋友們交流一下。可是還沒等毛豆把主旨表達清楚，還沒走出失戀痛苦的于晉郭就說：「我不一樣，我是前天很美好，昨天很美好，今天很殘酷，但我死在了昨天晚上，看不到以後的很多太陽。」

被老闆炒魷魚而正在找工作的薩銳也對此深有同感：「我也差不多，只不過我不是死在看不到太陽的晚上，而是死在光天化日下、朗朗乾坤中。」

等毛豆從這群人中逃出來的時候剛好是晚上，到家以後，毛豆發現邁克爾在讀書，就想和邁克爾交流一下。毛豆說：「邁克爾，你是怎麼看待堅持的？」

「堅持是沒有所謂好壞的，你堅持對於自己有利的，就更加有利；堅持對自己不利的，就會更加不利。」邁克爾這樣說。

毛豆接著就把白天和于晉郭、薩銳的交流講給邁克爾聽。

邁克爾聽完後說：「他們這並不是堅持，而是放棄。當一個人放棄去追求明天的太陽時，他也就可能永遠看不見明天的太陽了。」

一向很關心朋友的毛豆問：「那我應該怎麼幫他們呢？」

邁克爾回答說：「你可以幫助疏導一下他們的情緒，但即使你什麼也不做，他們也會慢慢走出來的。」

毛豆剛想問邁克爾為什麼說這句話時，卻被邁克爾用一句「你說的那句話是馬雲說過的吧！」轉到了其他話題。

邁克爾並沒有繼續說下去，是因為他覺得以毛豆現在的情況，不但幫不了自己的朋友，還可能讓朋友的狀況變得更糟，但邁克爾的一句話卻隱約透露給毛豆一種資訊。很多人都認為堅持一定會取得成功，但實際上並不是這樣。堅持的目的並不是讓人們獲得成功，而是讓人遠離失敗。就拿于晉郭、薩銳來說，他們也可以繼續堅持、繼續去追求，這些有可能毫無起色，但是能避免現在的情況。現在這兩個人的氣場能量相當弱，很容易受到他人的影響而改變。所以，在他人的改變下，即使很痛苦，他們也不會堅持很久，可能很快便會進入另一種生活狀態。

我們都看過太多堅持走向成功的例子，由於人們更喜歡歌頌成功者，所以這個世界上太多堅持以後的失敗被我們忽略了。但是，在堅持的過程中，你會保有希望，不會變成像于晉郭或薩銳那樣。也許你還會失敗，但你依舊可以擁有強大的氣場，因為你並不是被自己擊敗了，而是堅持到了最後。

堅持可以讓你有希望，也可以讓你有強大的財富能量。馬雲的那句話或許會被改成「今天很殘酷、明天很殘酷、後天很殘酷……」等，但只要你堅持下去，成為那個沒死在明天晚上的人，你就依舊擁有強大的財富能量，就有成功的可能。

【毛豆筆記】

對於很多事情來說，堅持都很重要，但這並不代表堅持就會取得成功。堅持的能量會讓你一直向前走下去，讓你保持著對財富的渴望。這時候的能量要比相信自己已經失敗要強大得多。

無論是成功，還是註定失敗，堅持的人都值得他人欽佩。

創新，要有一種「敢」的精神

在翻閱富比士全球富豪榜時，毛豆發現了一件非常有趣的事情，那就是絕大部分不依靠財產繼承進入前一百名的五十歲以下富翁都是IT行業的，而且隨著年齡的不斷減小，IT行業富翁所占的比例越來越高。

「難道真的是IT行業更容易讓人擁有財富嗎？」毛豆問邁克爾說。

「從某種意義上來說，是的。」邁克爾回答說。

『從某種意義上』是引起下一個問題很好的說法，毛豆果然問道：「那是哪種意義啊？」

邁克爾說：「如果想要成為富翁，尤其是想成為登上富比士排行榜的富翁，一般都會擁有一家非常強大的公司。一個公司想要從很多公司中脫穎而出，就需要不斷地創新，而從創意到產品到名牌在IT產業以外的行業一般都需要很長的時間，而IT行業則可以讓創意迅速變成產品並且不斷獲取利潤。」

在聽邁克爾講述時，毛豆想到了IT行業的富翁年輕的另外兩個原因，IT行業前期對資金的需求不是很大，只需要很少的資本累積就可以創立企業。而且IT行業發展迅猛，對於創意的需求很大，所以很多新興公司可以迅速打開市場，而沒有必要像毛豆這樣，一家公司接一家公司地推廣。

接下來，毛豆感興趣的就是如何創新了。

如何才能創新，想要瞭解這一問題，我們首先就要清楚什麼叫做創新。創新並沒有我們想像的那麼難，也沒有我們想像的那麼簡單。不同領域的創新有不同的特點，但是所有的創新都必須依據消費者的需求來進行。因為只有你的創新滿足了消費者的需求，消費者才會購買創新之後的產品，你也才可能獲得利潤，創新產品也才可能生存下去。之後，你需要瞭解的就是，大多數消費者並不知道自己想要什麼，或者更準確地說，消費者並不知道自己想要的東西是否有成為現實的可能。

在很多時候，創新並不是創造新的需求，而是滿足人們已有的但隱藏起來的需求。比如，在第一部電話發明之前，消費者可能曾經有過和遠方的朋友聊天的需求，然而他不知道這種需求是否可能被滿足。

等到電話發明之後，消費者才瞭解到原來遠距離與他人說話是可行的，想和遠方朋友聊天的需求就被激發出來，電話的銷售也就非常好。更重要的是，這些需求有些容易被引發，有些則不容易被引發，甚至有一些需求是被消費者隱藏起來的。

在進行創新的過程中，你需要讓自身的氣場能量發生改變，將兩種氣場能量的作用混合起來。創新並不是閉門造車，而是針對消費者的需求來進行。因此，你首先要讓自己的氣場能量更加開放，更願意接受與他人氣場能量的交流，瞭解他人的需求和想法，尤其是那些潛在的不易被人察覺的需求。

其次，你要增強對目前從事的工作或者自己興趣的瞭解和掌握。發揮知識和智慧的作用，讓自己真正精通這個領域。最後，就是讓他人的氣場能量影響自身的氣場，透過對這一領域的瞭解判斷他人的需求是否能夠被充分滿足。

還有一點你需要注意，那就是在不同的行業中，創新的作用是不同的。在IT行業，創新可能會更快地為你帶來利益，而在其他行業裡面可能會慢一些。但同時你也要瞭解，在IT行業中創意的時效性非常短，可能在你之後不久其他的創意就會奪走你的市場份額，而在其他行業中則可能不會如此。

【毛豆筆記】

閉門造車並不會給我們帶來創新的靈感，真正有意義的創新是挖掘消費者已有的但尚未被滿足的需求。在創新的過程中，發揮氣場能量以及經常接觸他人氣場是對我們最有幫助的。

無論如何，創新都需要一種敢於向前的力量。

不藏私
超實用的
氣場操縱術

useful point

第九章 八步晉級氣場操縱的至高境界

古往今來，人類一切行為的目的，彷彿都是為了達到一種「萬物與我為一」的至高境界。在氣場操縱力修練與運用的漫長過程中，我們循序漸進、從弱到強、從不穩定到穩定、從基礎到高段，一路走來，我們可以改變自己的命運，重塑自己的人生，實現自己的夢想。這是一次次的飛躍，更是一級級的超越！

時有時無的氣場操縱

在與邁克爾的交流中，毛豆總結出了氣場操縱力擁有的八種不同的境界。

第一種境界是時有時無的氣場操縱。這一種境界就像《天龍八部》裡面段譽的武功一樣，時靈時不靈。處於這一境界的主要有兩類人：一類人不知道自己擁有氣場操縱力，也不知道如何運用氣場操縱力，只是在某些時刻展現出了氣場操縱力；另一類人雖然知道自己擁有氣場操縱力，也懂得如何運用氣場操縱力，但掌控氣場操縱力的能力太弱，導致自己無法很好地應用。

擁有這一境界的氣場操縱力並不需要經過怎樣的修練，甚至透過一些修練我們會超越這一境界。因為大多數人都很容易修練到氣場操縱力時有時無的狀態，這一境界只能算作一個初學者的入門狀態，而且並不是所有人都需要經歷這一狀態，但毛豆不幸地經歷了這個階段。

那還是在毛豆遇見邁克爾不久後，邁克爾已經向毛豆傳授了一些氣場以及氣場操縱力方面的知識，並且教了毛豆一些基本的操作方法。但邁克爾還沒有來得及告訴毛豆氣場操縱力如果應用不當，就可能造成反面的效果時，毛豆就決定應用一下。更不幸的是，毛豆選擇的對象是古莉莉。

古莉莉剛剛跳槽來到S公司，對於周圍的環境還有一些不適應，而毛豆的主動接近讓她覺得很溫暖。後來毛豆決定運用話語氣場操縱力，讓古莉莉幫助自己完成一些任務。

一天快下班的時候，毛豆來到古莉莉面前，很誠懇地誇獎古莉莉的能幹，毛豆幾乎將所有自己能夠想到的讚美之詞都用在了古莉莉身上，這讓古莉莉感到有些受寵若驚。毛豆的氣場給古莉莉的感覺一開始也很真誠，只不過毛豆這種貌似真誠的氣場並沒有堅持多久。他心中急於回家看NBA凱爾特人隊與湖人隊比賽轉播的欲望變得越來越強烈。

一直爭強好勝的古莉莉忽然感覺到了毛豆的問題，她聽慣了別人的讚美，逐漸從毛豆的讚美中聽出了一些其他的情況。如果這時毛豆能夠穩住自己的氣場，將氣場能量調節一下，可能還有機會。可是，毛豆忽然失去了他的氣場操縱力，他的真實想法被古莉莉看穿了。

古莉莉趁著老貝叫走毛豆的時機，來到毛豆的座位前，看到毛豆的電腦螢幕上顯示著他和網友的對話。

——不乖的小毛豆：謝絕劇透，我要好好的看比賽轉播，你告訴我結果就沒什麼意思了。

——冰雷糸卡爾：你不是還有不少工作嗎？到家一定很晚了，一定沒時間看的。

——不乖的小毛豆：這一點你可以放心，等會兒我請別人幫一下忙，我先回去看比賽。

古莉莉看到這裡，內心的憤怒頓時燃燒起來，氣場中的負面能量被激發出來。等到不明真相的毛豆回到自己的座位時，古莉莉已經拿著一大疊檔案對毛豆說：「今天我有事，你幫我做一下吧。」內心有愧的毛豆想都沒想就直接答應了。

毛豆的經歷告訴我們，如果你對於氣場操縱力的掌握並不熟練，那麼你就儘量不要運用自身的氣場操縱力。這種時有時無的氣場操縱力可能在某些時候能給你帶來一定好處，但在運用的過程中，一旦氣場操縱力突然消失，結果肯定不怎麼好。

處在第一境界的人們都會感覺到氣場的存在或者至少察覺到某種能量的存在，這時我們應該做的是瞭解自己所察覺的這種能量，瞭解這種能量的特性和運用方法，不斷地訓練自己，讓自己對氣場操縱力的理解和掌控能力逐漸加強。想要突破這種初學者的境界非常容易，只要你願意激發自己過去一直忽視的這種能力，讓你本身擁有的氣場操縱力呈現出來，你就可以成功地突破第一境界。

【毛豆筆記】

時有時無的氣場操縱力就是很多人在了解氣場操縱力之前的境界，在這一境界中，我們需要學會怎樣維持自己的氣場操縱力。同時，在自身氣場操縱力穩定下來之前，儘量避免去操縱他人。

對我們來說，這一境界的主要作用在於讓我們感受到氣場操縱力的存在。

簡單刻板的氣場操縱

在經過古莉莉的教訓後，毛豆很快就突破了第一境界，達到了第二境界。與第一境界相比，第二境界更像是一種退步，而不是一種進步。按照毛豆過去的想法，在自己達到第二境界時，他應該會比第一境界強很多，可以把時有時無的氣場操縱力變成隨時都有的氣場操縱力。

但毛豆最終感受到的第二境界卻是另外一種狀態，即利用一些毛豆認為「老土到極點」的操縱術展現氣場，而這些操縱術似乎與氣場並不搭邊。比如說如何透過討價還價的方式讓對方屈服，怎樣經由記住對方的名字增加對方對自己的好感，等等。

邁克爾卻認為，人們會存在這種時有時無的氣場操縱力，主要有兩個原因：第一，人們對於自身能量的瞭解不足，而且無法掌控好自身能量，也就很難展現出氣場操縱力。修練自身能量需要很長時間，在這一段時間內運用一些比較有難度的氣場操縱術，只會影響自身氣場修練的進度。

第二，人們無法很好地展現氣場操縱力，還與人們並不瞭解他人有關。傳統的操縱術中有很多如何瞭解他人想法、判斷他人行動的方法和手段，這些都是經過很多人總結和實驗過的。瞭解這些有利於人們更瞭解他人，同時這些操縱術在展現的過程中雖然並沒有明確地提到氣場的力量，但毫無疑問，氣場操縱力的強弱在這個過程中起到了相應的作用。透過一些簡單刻板的氣場操縱力的練習也可以增進人們對氣場的瞭解。

雖然毛豆一直很反感這種不進反退的練習方式，但在邁克爾的勸說下，他依然開始了刻苦訓練。毛豆似乎就是這樣一個人，無論做什麼事情，他都會一絲不苟地認真完成。所以，他很快就掌握了第二境界氣場操縱術的祕訣，暫時放棄對於氣場操縱力的運用，讓氣場能量在操縱術的運用中發揮相應的作用。不去刻意操縱自身能量，而完全依靠氣場能量的自然反應，先讓自己了解氣場能量，感受和修練氣場能量。而且就是這樣一種幾乎沒有刻意動用氣場操縱力的氣場操縱術，讓毛豆成功地結識了一個人。

由於傳統操縱術有很多針對陌生人的招數，邁克爾為了讓毛豆更好地掌握，就讓毛豆多對陌生人應用。邁克爾同時還告訴毛豆要注意安全，因為想要遇到一個非常友善、非常願意配合的人是非常難的，而且讓這個人在看透毛豆的把戲以後不生毛豆的氣更是難上加難。

在接受了很多慘痛的教訓以後，毛豆非常巧合地碰到了樂樂。當時，樂樂正坐在長椅上悠閒地看書，毛豆確信眼前這個看起來很溫柔的女孩不會像上一個人那樣對自己拳打腳踢後，就慢慢走了過去。

毛豆走到樂樂面前，對樂樂說：「妳好。」樂樂抬起頭，看了看站在眼前的這個人，又向左右看了一下，確認毛豆不是找別人後，才對毛豆說了聲「你好」。

毛豆心裡想，這個女孩真是個天然呆，肯定很好騙。於是，他說：「真巧，今天我已經連續遇到五個姓王的人了，而妳是第六個。」

樂樂瞬間感到很驚訝，心想眼前的這個人怎麼知道自己的姓名的，可是臉上並沒有太多的反應。毛豆心想自己的操縱術難道完全不起效果，很想知道這一次哪裡出錯的毛豆就坐下來與樂樂攀談起來。

毛豆猜到樂樂的姓其實很簡單，只要在說完「五個姓王的人」後，稍稍停頓一下，然後觀察對方的反應。如果表現出一絲驚訝，那麼對方肯定也姓王；如果對方表現出不屑，那麼對方肯定不姓王，毛豆接下來就應該說：「終於遇到一個不姓王的人了。」

在第二境界中，我們要做的應該是更多地感受自身的氣場能量，感受氣場操縱力，瞭解他人，掌握他人的變化。突破第二境界通往第三境界的過程就是一個不斷累積的過程，因為對於那些對氣場操縱力還不太瞭解的人來說，了解氣場，瞭解操縱術，了解氣場操縱力需要一個比較漫長的過程。

【毛豆筆記】

熟練運用氣場操縱力的前提是我們擁有強大的氣場能量，同時也需要我們掌握人際關係中能量交流的情況。簡單刻板的氣場操縱力這一境界是一個過渡和緩衝，讓自己能察覺自身具有氣場操縱力，感受到氣場能量的力量以及完成對自身的修練。

這些毛豆認為老土到極點的操縱術中，實際上也滲透了氣場能量的運用。

倚仗身體的氣場操縱

在累積了足夠多的經驗以後，毛豆終於迅速從第二境界升到了第三境界。第三境界是倚仗身體的氣場操縱，相對於第二境界來說，第三境界已經開始使用一定的氣場能量，但依舊沒有達到可以熟練運用氣場操縱力的階段。

第三境界的氣場操縱是透過身體變化以及語言變化來調動氣場能量，以展現出自身的氣場操縱力。氣場操縱力是在氣場能量運動中間接表現出來的，並不是直接運用，這也就大大降低了掌握氣場操縱力的難度。

這一境界的不同之處是，當一個人達到更高的境界以後，這一境界中的方法和手段依舊可以運用，只是他分不清自己有沒有完全運用第三境界的氣場操縱。邁克爾就是一個達到氣場操縱更高境界的人，但他也不知道該如何向毛豆展示第三境界該有的水準和方法。幸運的是，有兩個人完美地向毛豆展示了如何運用身體和語言調動氣場能量，操縱他人，這兩個人就是李恩威和老貝。

李恩威很擅長運用身體去操縱他人，他最擅長的是透過對他人空間的控制來操縱對方。比如壓迫對手的空間讓對手屈服，用雙手侵入對方的空間讓對方感到緊張，等等。李恩威在其他方面的身體語言運用上也毫不遜色，尤其是他對利用雙手調動能量操縱對方的應用。

能量在雙手周圍聚合形成雙手氣場，動用雙手氣場影響他人是依仗身體的氣場操縱的重要手段。雙手氣場的運用主要體現在三個方面：攻擊、隱藏和保護。前面所提到的運用雙手侵入他人氣場就是攻擊最有效的方式。

不過，在用雙手侵入他人氣場時，一定要循序漸進，不要企圖瞬間侵入他人氣場內部。瞬間侵入他人氣場內部會讓對方的氣場有強烈的危機感，進而緊縮自身氣場，這樣就不利於你的下一步行動。另外，在攻擊他人氣場時，你還要儘量避免用手指進入他人氣場。用手指侵入他人氣場的行動，可能會給他人帶來被輕視的感覺，並產生其他的不良反應。

雙手氣場運用的第二個方面是隱藏。在一些氣場交鋒中，你的氣場會明顯強於對手，這樣便會獲得更多的優勢。但如果你想從對方那裡獲取一些資訊，你就需要留給對方氣場擴展的空間。這時，你需要做的不是擴張自己的氣場，而是收縮自己的氣場，讓對方可以暢所欲言，而不被你的氣場壓制住。雙手是全身最容易隱藏氣場的部分，你可以透過將雙手放在身後隱藏一部分氣場。

雙手氣場運用的第三個方面是保護，在李恩威與傑克的對決中，傑克曾經將雙臂放在胸前保護自身氣場。在與他人交鋒時，對方氣場最喜歡侵入的就是我們胸部的氣場，因為這裡缺少防禦而且最容易影響我們。我們就需要運用身體保護胸部的氣場，而雙手則是最好用的保護工具，除了阻隔以外，雙手氣場還可以運用其他姿勢保護胸部的氣場。

而老貝擅長透過話語氣場操縱他人，老貝最擅長的也是唯一擅長的就是運用話語的暗示調動他人氣場，最終達到操縱他人的目的。在運用話語氣場的過程中，我們需要注意的是，不要讓自己的目的過於明顯，這樣對方很容易產生警覺進而導致操縱失敗。

第三境界實際上為了更好地了解氣場能量的運動，以便於以後透過調節氣場能量並最終形成氣場操縱力。突破第三境界是非常困難的，不僅因為人們很難產生質的飛躍，還因為第三境界中的方法和手段對於大多數人來說已足夠了。

【毛豆筆記】

倚仗身體的氣場操縱力是主要透過運用身體或者話語來操縱氣場的變化。在身體變化時，我們的身體能量會發生變化，同時影響自身氣場和他人氣場，最終達到影響和操縱他人的目的。運用話語則主要透過雙方氣場能量的協調使氣場操縱起作用。

無論是身體還是話語，第三境界的氣場操縱依舊是比較基礎的操縱。

借用環境的氣場操縱

氣場操縱從第三境界到第四境界是一個質的飛躍，第三境界還停留在利用氣場能量的階段，第四境界便達到了透過操縱能量形成氣場操縱力的階段。

在這一階段，你必須瞭解的是，雖然擁有氣場能量就會擁有氣場操縱力，但在第三境界以前的這種氣場操縱力都是以一種非常複雜的方式呈現出來的。而在第四境界，毛豆第一次真正運用氣場操縱力，透過對氣場能量的嫻熟掌握使氣場能量成為一種操縱他人的力量。

毛豆在非常巧合的情況下達到了第四境界。當時毛豆正在舒適安靜的環境中靜坐，想透過靜坐來與自身的氣場能量交流，掌握自身氣場能量的特點。這時，薩銳來到毛豆家裡找他，看見毛豆在靜坐也就沒有打擾他，隨便找了個地方看書。等毛豆結束靜坐，薩銳說在毛豆靜坐的時候，他自己也感受到了一股寧靜的能量。

毛豆將這件事告訴邁克爾的時候，邁克爾知道毛豆已經達到了第四境界的氣場操縱，真正地掌握了氣場操縱力。

第四境界的氣場操縱是借用環境的氣場操縱，與更高境界相比，第四境界的氣場操縱力十分弱小。達到第四境界的人一定要找到與自身能量相符合的環境，然後利用環境與自身能量的雙重影響來操縱他人。

這種操縱是非常有限的，主要原因有三點：

第一，環境不但要與自身能量相合，還要與最終的目的相合，在安靜的環境中，毛豆是不可能讓薩銳躁動起來的。

第二，第四境界的氣場操縱力並不能直接操縱對方，更多的還是影響對方。和第三境界不同的是。第三境界是透過能量運動來完成影響的，而第四境界則是透過氣場運動形成氣場操縱力來完成影響的。

第三，外部干擾太強烈的時候，第四境界的氣場操縱力很容易失去效果。氣場運動遠比能量運動複雜得多，受到外部能量或者他人能量的干擾更大，氣場操縱力會更加難以控制和施展。這一限制同樣證明了對達到第四境界的人來說，讓他人安靜下來會比讓他人躁動起來容易得多。

雖然第四境界有諸多限制，但相對於第三境界來說依舊是質的飛躍。在從第三境界通往第四境界的路上，或者在第四境界通往第五境界的路上，我們需要學會以下這些必備的能力：

第一種是瞭解和運用能量場的能力。無論是外界能量還是自身氣場，都是以能量場的形式存在的，而氣場操縱力所需要的正是這種能量場的運動。所以，如果你想要直接運用氣場操縱力，你就一定要瞭解能量場並且學會應用能量場。

第二種是穩定能量的能力。在能量場運動的過程中，能量場中的能量難免會發生一些變化，如果在運用能量場的過程中，我們不能穩定自身能量變化，就很難分清楚運用的是氣場操縱力還是氣場能量。而氣場能量和氣場操縱力的同時運用會讓我們自身氣場變得更加不穩定，很容易出現失控的局面。

達到第四境界，我們才初窺氣場操縱力的真面目。要想讓自身的氣場操縱力更加得心應手，我們就需要繼續前進，達到更高深的境界。而從第四境界開始，氣場操縱力境界的提升依靠的是個人對於氣場能量瞭解的多少和掌控能力的強弱。

【毛豆筆記】

第四境界對於第三境界是一種質的飛躍，因為在達到第四境界之前，我們都只是依靠運用氣場中的能量來展現氣場操縱力的，而達到借用環境的氣場操縱時，我們並不再單一地運用某一種能量，而是運用整個氣場來操縱他人。

想要操縱整個氣場，我們就必須了解氣場中每種能量的相互作用及影響。

收放自如的氣場操縱

在邁克爾離開之前，毛豆一直都停留在第四境界，也就是剛剛擁有氣場操縱力，但還無法很好地運用的境界。

毛豆之所以一直沒有脫離第四境界有很多原因，其中有兩個原因比較重要。第一個原因是毛豆的閱歷不夠。這裡所指的不是年齡，而是閱歷。

雖然年齡影響著人的閱歷，但是閱歷與年齡並不能完全畫等號，邁克爾就是一個典型的例子。毛豆的閱歷不夠主要體現在他沒有經歷什麼比較重要的事情，雖然他也經歷過一些風波，遇到過一些困難，但他始終沒有遇到可以重新鍛造自身氣場的機會。

第二個原因是毛豆一直將自己的氣場限制住了。雖然經常與邁克爾在一起交流給了毛豆很多機會，但毛豆到邁克爾離開之前都沒有將自己的氣場完全打開。他的善良、他的退讓等很多因素讓他有了一個過於簡單的夢想：一份不錯的工作，一個與自己相親相愛的戀人，一群關係很好的朋友。他的夢想太過簡單，使他沒有讓自身氣場能量真正強大起來的渴望，他的氣場能量也就一直沒有達到最強，氣場操縱力也就相應地下降了。

這兩個方面的問題有一個相同的解決辦法：時間。隨著時間的流逝，毛豆的閱歷會不斷增加，也許他依舊無法遇到一個劇烈改變自身氣場能量的機會，但是平時的點點滴滴會讓他的氣場能量有所改進。

而隨著毛豆氣場能量的不斷提升，接觸了越來越多的人，他的夢想也會不斷變化。隨著夢想的不斷增大，氣場能量也會不斷變強。

對於和毛豆處於同樣階段的人，邁克爾也只有一個建議——等待。實際上在毛豆接觸的人中，就有一位因為時間的不斷累積最終突破了第四境界到達第五境界的人。也許你已經想到了，就是李恩威曾經的那位主管。

第五境界的氣場操縱力是收放自如的氣場操縱，也就是可以將自己的氣場隨意擴大和縮小，並且在氣場的擴大和縮小中完成對他人的操縱。相對於第四境界來說，第五境界的氣場操縱對環境的要求低很多，而且可以施加給他人更多的操縱。

另外，雖然毛豆並沒有達到第五境界的氣場操縱，但邁克爾還是傳授給他一些第五境界氣場操縱的方法。比如，在遇到他人氣場非常強的時候，邁克爾告訴毛豆要收縮自身氣場，讓他人氣場能量盡情發揮。

等到他人氣場無法覆蓋如此廣大的範圍時，毛豆再讓自身氣場迅速擴張，攻擊對方正在收縮的氣場，這樣就能夠讓自己取得一定的優勢。由於毛豆無法很好地操縱整個氣場，他只能用收縮氣場中的能量、擴張氣場中的能量來達到目的。在這個過程中，能量的運動對於對方氣場的影響會比自身氣場的運動給對方氣場的影響弱很多。

第五境界的氣場操縱更注重氣場能量中「勢」的能量，透過「勢」的變化影響他人的氣場能量，讓他人在自身氣場操縱力這種強大的「勢」的作用下屈服。第五境界的局限也在於此，第五境界始終不能突破「勢」的影響，在有很多人的情況下，氣場操縱力的力量很難集中在某個人的身上。

【毛豆筆記】

收放自如的氣場操縱力很難被閱歷不夠以及氣場能量不強的人掌握，但我們在未達到這一境界時依舊可以學習這一境界的一些方法，其中的關鍵在於變氣場操縱為能量操縱。當我們無法讓整個氣場如我們想像的那樣收放自如時，我們可以讓能量收放自如來達到自己的目的。

收放自如的氣場操縱力是讓氣場能量自然流露的高級階段，擁有這種操縱力的人大多擁有非凡的風度。

隨心所欲的氣場操縱

由於在與邁克爾久別重逢之前，毛豆一直處於第四境界，他遇到的超越了第四境界的人也並不多，所以，關於第六境界的描述完全來自於邁克爾的講述。

相對於第五境界來說，第六境界的氣場操縱有了更多的提高。第五境界的氣場操縱注重「勢」的能量，第六境界的氣場操縱則更注重「氣」的運用。這種「氣」的運用實際上是將氣場操縱力的幾種能力如感召力、影響力、說服力等混合在一起，在一種比較均衡的狀態下實現自己的操縱。雖然第六境界的氣場操縱更注重「氣」的運用，但這種「氣」的運用實際上是將各種「勢」混合在一起之後，將自己的氣場操縱力作用於一個目標。

第六境界的氣場操縱雖然被毛豆稱為隨心所欲的氣場操縱，但是毛豆依舊不能理解這種隨心所欲的氣場操縱究竟能夠達到什麼樣的程度，直到毛豆驚奇地發現了一件事情。

在邁克爾臨走之前，兩個人聊了很多，這其中包括邁克爾對氣場操縱力的研究和見解、邁克爾未來的計畫，也包括毛豆的幾個朋友的情況。聊天的過程中，毛豆忽然發現不僅自己有一些問題會請教邁克爾，樂樂、薩銳、于晉郭他們遇到問題的時候也會請教邁克爾。而令毛豆感到驚奇的事情是，無論是樂樂、薩銳，還是于晉郭，在與邁克爾交流的過程中，對於邁克爾的態度都要比對自己的態度好很多，而且邁克爾提出的建議、所做的實驗幾個人都會欣然接受。

毛豆想了半天，還是忍不住想知道邁克爾究竟用了什麼方法把這幾個人變成那樣的。

邁克爾說：「那我先問你一個問題，如果有一個陌生人同時遇到我和你，你覺得他會更相信誰？」

毛豆仔細地看了看邁克爾，又看了看自己，說：「我覺得即使知道我自己是對的，我也更可能相信你。」

邁克爾又問道：「那你覺得這是為什麼呢？」

毛豆想了想，說：「因為你的氣場更強大。」

邁克爾接著問道：「還有什麼原因呢？」

毛豆仔細想了想，發現找不出什麼原因，只好搖搖頭，說：「我想不出別的原因。」

邁克爾說：「其實，原因可以有很多，也可以只有一個。從具體的方面考慮，我穿的這身衣服比你的衣服更合身，我全身的服裝搭配比你的服裝搭配更好，我選擇的座位比你的座位更舒適，等等，但是這些原因都可以歸結為一點，那就是氣場。」

邁克爾似乎興致很高，沒等毛豆答話，就繼續說：「以後，當你的氣場操縱力達到一定境界的時候，你就會發現自己可以隨心所欲地操縱別人，同時你也會發現自己需要做到的更多。氣場操縱力是氣場能量運動產生的，而氣場能量來自於我們自身。想要擁有隨心所欲的氣場操縱力，你就需要把每個細節都做到恰到好處，讓你的氣場能量處於和諧的運動中。這樣你就可以更好地透過氣場運動將氣場操縱力的幾種能力混合到一起，成功應用氣場操縱力。」

聽完邁克爾的話，毛豆如夢方醒，但之後無論如何努力，他也不知道該如何讓自身的氣場像邁克爾的氣場能量那樣和諧。

的確，如果氣場可以達到近乎完美的和諧，那麼我們便可以擁有隨心所欲的氣場操縱力，但是這種隨心所欲不是單憑瞭解就可以達到的，還需要不斷地修練和提升。因為這種完美和諧的氣場既需要我們注重每個細節的完美，又要注重氣場能量的完美，還要讓二者達到完美的和諧，這沒有長時間的修練是很難達到的。

【毛豆筆記】

隨心所欲的氣場操縱力注重氣場中不同能量的流動，並且注重操縱由不同能量運動產生的「氣」。運用「氣」去駕馭自身的氣場能量，注意氣場交流中的細節，他人氣場與自身氣場保持相同的運動，透過這種共振操縱他人。

第六境界的修練應該多進行冥想，感受自身氣場能量流動。

若有若無的氣場操縱

在瞭解了氣場操縱力以後，毛豆就想知道邁克爾的氣場操縱力究竟處於哪一個境界。在一次偶然的交流中，邁克爾說他認為自己處於高級階段，也就是第七境界若有若無的氣場操縱。當毛豆詢問這種境界有什麼特點時，邁克爾是這樣回答的：

「處於氣場操縱高級階段的人，常常會讓他人和自己無法感受到自己的氣場操縱力，無論是按照他人的感覺還是自己的感覺，這種氣場操縱力都是若有若無的。如果說有氣場操縱力，又很難找出氣場操縱力影響他人的證據；如果說沒有氣場操縱力，他人又在不知不覺之間受到了影響。」

當毛豆想要瞭解更多的時候，邁克爾拒絕回答這個問題，他的理由是瞭解過多氣場操縱力深層次的現象對當前氣場操縱力的修練不利。

在邁克爾走後，毛豆花了很長時間去瞭解第七境界若有若無的氣場操縱是如何達到的，但出乎毛豆意料的，是古莉莉幫助他找到了最終的答案。

就像毛豆對古莉莉有偏見一樣，古莉莉對毛豆也有偏見，在團隊會議或者部門會議中，兩個人經常針鋒相對。一次，古莉莉實在受不了毛豆和自己的爭辯了，於是在下班以後，古莉莉決定到毛豆常去的邁克爾的工作室，找毛豆好好談談。可是，當晚毛豆並沒有直接去那裡，而是去找樂樂訴說一番，因為毛豆知道，邁克爾也很忙，不能總給邁克爾講自己的事情。古莉莉和邁克爾就這樣在沒有毛豆的情況下見面了。

古莉莉只是把邁克爾當成毛豆的室友，找不到毛豆，古莉莉就向邁克爾訴說了毛豆如何針對自己，如何否定自己的方案和建議，邁克爾就這樣不發一語地聽著。最後，在古莉莉要走之前，邁克爾帶她參觀了一下毛豆工作的地方，古莉莉仔細地看完後就改變了對毛豆的看法。

聽到這裡，毛豆問古莉莉：「妳是怎麼改變對我的看法的？」

古莉莉說：「在桌子上有一份你的會議記錄，其中有很多關於我的建議的優點和可行性問題，我發現我的很多建議都不具備具體的操作性，於是明白你不是針對我個人。」

毛豆聽到這裡，連忙問古莉莉：「妳確定是從桌子上直接看到的嗎？」

古莉莉點了點頭，說：「就放在桌子上，我也不可能動你的東西。」

毛豆心裡還在想，自己不可能把工作的東西直接放在桌子上，但聽到古莉莉說「我不可能動」的時候，毛豆就明白了很多事情。

不是古莉莉動的，那就只能是邁克爾動的。

邁克爾透過這種方式讓古莉莉發現毛豆的會議記錄，讓古莉莉以為是自己發現了會議記錄，自己看到了毛豆對自己的評價，自己改變了對毛豆的看法，而這些實際上都在邁克爾的計畫之中。

若有若無的氣場操縱力就是首先洞察他人的氣場能量，瞭解導致他人氣場能量發生變化的原因，然後用自身的氣場能量塑造一個合適的環境，給對方一個氣場能量變化的原因，讓對方以為自身的氣場能量變化是由自己決定的，而實際上卻是在他人的引導下改變的。

毛豆不禁想到，自己過去很多以為是自己做出的決策，也可能都是在邁克爾的氣場操縱之下做出的，邁克爾可能還默默地幫助自己解決了很多問題。

【毛豆筆記】

若有若無的氣場操縱力並不是真的若有若無，而是在無形中用自己的能量直接去調節對方的氣場，對症下藥，用最少的能量操縱對方能量的變化。在他人的眼中，自己的氣場操縱力是若有若無的，而事實是自己在不斷地向對方氣場釋放促使其改變的能量。

第七境界要求我們不僅要了解氣場的共性，還要瞭解每個人的氣場個性。

大象無形的氣場操縱

第八境界大象無形的氣場操縱力比邁克爾掌握的氣場操縱力還要強大，甚至連邁克爾都無法想像第八境界的氣場操縱力有多強大，毛豆自然更加不能理解了。

然而，毛豆是一個喜歡思考和追根究底的人，他不斷地思考訓練，體驗自身的氣場，試圖去理解那種被邁克爾稱為「可能只有神才具備的」氣場操縱力。

隨著時間的不斷推移，在距毛豆第一次遇見邁克爾的很多年後，毛豆終於可以理解大象無形的氣場操縱是一種怎樣的氣場操縱了。用最簡單的話來說，大象無形的氣場操縱超越了操縱本身。

操縱的目的是為了讓他人按照自己的想法行事，但第八境界則根本不是去操縱他人，不是去操縱任何事物，但依舊可以達到操縱的目的。也就是說，一個人想要的都是他所得的，他所得的都是他所要的，氣場操縱力已經與自身合二為一；也有可能是大象無形的氣場操縱力操縱了命運，讓命運按照自己想要的方向發展；又或者是大象無形的氣場操縱力只不過是讓氣場操縱力化為無形；又或者……毛豆提出了很多猜測，但最後他還是回到了原點，大象無形的氣場操縱是超越了操縱本身的操縱，至於這種操縱是如何實現的，毛豆並不知道。毛豆同樣不知道的是，這時的他離大象無形的氣場操縱越來越近了。

隨著閱歷的增加和氣場能量的增強，毛豆已經突破了邁克爾當年所處的若有若無的氣場操縱，來到了一個既不屬於第七境界也不屬於第八境界的層次，然而他還在不斷地前進中。

邁克爾有一點說得沒錯，那就是毛豆的善良為毛豆最終成為氣場操縱高手提供了深厚的積澱。毛豆的善良為他帶來了善意的能量以及一群很好的朋友，也為他贏得了愛情、他人的支持和財富，還讓他成功地擁有了非常強大的氣場操縱力。我們並不需要為毛豆強大的氣場操縱力擔心，因為毛豆的氣場操縱力是為善而不是為惡，是會增進友好、快樂的能量，可以讓他自己的生活和他人的生活更加和諧。

【毛豆筆記】

毛豆筆記的最後一篇，是毛豆在邁克爾走之後寫的：

邁克爾，感謝這一段時間您對我的幫助，無論是在具體的氣場操縱方法上，還是氣場操縱力的指導上，您都是一個非常合格的導師。您幫助很多人瞭解了他們自身氣場的存在和能量的存在，也讓他們知道這些與生俱來的能量並不會讓我們直接獲得成功，我們需要訓練自己，學會使用這些能量，操縱自身與他人的能量，讓自己真的離成功越來越近。

其實，無論怎樣，您改變了我們的生活，讓我們瞭解到無論快樂還是憂傷，我們的氣場都會與自己相伴，並受到自身的影響。您還告訴我們應善待自身的氣場，鍛鍊自身的氣場，讓自己成為擁有強大氣場的人。您不僅教會我們這些，還教我們應該善良地對待這個世界，抱有善意地對待他人。

我們相信這一切會被越來越多的人認識到。氣場能量以及氣場操縱力將會幫助更多的人，讓他們可以更關注自身，更關注朋友，讓他們更加幸福。重要的是你告訴了我們，我們值得擁有這一切。再見，親愛的朋友邁克爾。

改變是需要時間的，但改變一定會到來。